반원의 도형나라 모험

반원의 도형 나라 모험

초판 1쇄 발행 2011년 8월 26일
초판 5쇄 발행 2021년 8월 30일

지은이	● 안소정
그린이	● 서현
펴낸이	● 강일우
책임편집	● 이하림
디자인	● 이재희
펴낸곳	● (주)창비
등록	1986. 8. 5. 제85호
제조국	대한민국
주소	10881 경기도 파주시 회동길 184
전화	031-955-3333
팩스	031-955-3399(영업) 031-955-3400(편집)
홈페이지	www.changbikids.com
전자우편	dongmu@changbi.com

ⓒ 안소정, 서현 2011
978-89-364-4619-2 73410

* 이 책에 사용된 에스허르의 작품은 The M.C. Escher Company-Holland의 허락을 받은 것입니다.
M.C. Escher's "Square Limit" ⓒ 2011 The M.C. Escher Company-Holland.
All rights reserved. www.mcescher.com
* 이 책 내용의 일부 또는 전부를 재사용하려면 반드시 저작권자와 창비 양측의 동의를 얻어야 합니다.
* 책값은 뒤표지에 표시되어 있습니다.
* KC마크는 이 제품이 공통안전기준에 적합하였음을 의미합니다.

차례

인물 소개 · · · 6

원은 완벽해
외톨이 반원 · · · 8
부채꼴 엄마, 나이테 아빠
컴퍼스 할아버지 · · · 17

멋진 다각형
다각형 마을에 가다 · · · 24
누가 타일이 되는가 · · · 30
아름다운 황금 도형 · · · 33
평면도형, 예술이 되다 · · · 40

입체도형들의 침입
내 도형을 밟지 마라 · · · 45
입체도형들에게 끌려가다 · · · 53
모양이 같은 것과 닮은 것 · · · 61
지하 감옥 빠져나오기 · · · 68

무시무시한 입체 나라

부피가 두 배인 제단 ··· 76
다섯 정다면체 ··· 83
평면도형들의 탈출 ··· 89
동그라미 형을 만나다 ··· 98

둥근 입체도형, 회전체

구부러진 면과 휘어진 공간 ··· 108
회전체가 된다고? ··· 115
날마다 회전 수련 ··· 123
회전체 삼총사 ··· 132

새로운 도형 세계, 공간 나라

모양은 상관없어 ··· 138
미로 정원 보물찾기 ··· 146
안팎 구분이 없는 면과 공간 ··· 155

작가의 말 ··· 166

인물 소개

반원

반원 모양의 평면도형. 나이테 아빠,
부채꼴 엄마와 함께 산다.
다른 원들의 놀림을 받기 일쑤이지만
언제나 꿋꿋하며 호기심이 많다.

네모

다각형 마을에 사는 파란색 직사각형.
늠름하고 의젓하다. 반원의 좋은 친구로
반원과 함께 도형 나라를 모험한다.

뾰족이

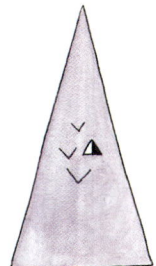

뽐내기를 좋아하는 이등변삼각형. 행동이 날쌔고
눈치가 빠르다. 입체도형들에게 사로잡혔다가
겨우 살아남아 반원과 네모를 모험의 세계로 이끈다.

바퀴

바퀴살이 그려진 큰 원. 입체 나라를
동경하고 두께를 갖고 싶어 한다.
진짜 바퀴가 되어 세상을 자유롭게
여행하는 게 꿈이다.

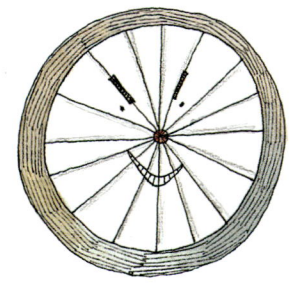

동글이

꽃무늬를 두른 분홍색 원. 자존심이 강하며 새침데기이다. 완벽한 원이 되고 싶어 한다.

동그라미

반원의 형. 원들의 놀림으로부터 반원을 지켜 주던 자상한 형. 입체드형들에게 끌려간 뒤 소식이 없다.

컴퍼스

평면도형들의 길이와 각도를 재는 할아버지. 평면도형의 몸을 만들고 교정하는 능력이 있지만 예전만 못하다.

마법사

회전체 도형을 연구하는 정체불명의 마법사. 섬뜩한 웃음을 흘리며 반원과 친구들의 변신을 돕는다.

입체도형들

모든 도형을 지배하려는 속심에 사로잡혀 있다. 평면도형들을 강제로 데려가 도형 탑을 쌓으려 한다.

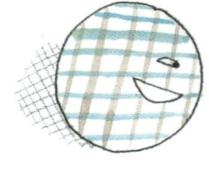

원은 완벽해

외톨이 반원

  반원은 바닥을 굼틀굼틀 기었다. 바닥 여기저기에 웅크리고 있는 원들을 지나쳐 앞으로 나갔다. 빛바랜 쟁반들과 이 빠진 접시, 플라스틱 화분 받침이 아무렇게나 뒹굴고 있었다. 노란 반원의 모습은 회색빛 바닥과 어울리지 않게 발랄했다.

  아무것도 없이 휑한 평면이 나오자 반원은 움직임을 멈추고 앞을 바라보았다. 비록 바닥에 붙어 있지만 여기는 나지막하게나마 꽤 멀리 볼 수 있는 곳이다. 회색빛 바닥과 하늘은 한 가지 빛깔로 맞닿아 있어 하나의 평면처럼 보였다.

  '저 끝은 어딜까?'

  반원은 지름을 가늘게 떨며 중얼거렸다.

"야아, 반원이다. 반쪽이, 반쪽이."

반원의 호가 움츠러들었다. 한 무리의 원들이 나타나 반원의 주위를 빙글빙글 돌며 합창했다. 바퀴살이 그려진 커다란 원이 앞장섰고 작은 원들이 그 뒤를 따랐다.

"반쪽만 원이래요. 반쪽이."

"느림보 반쪽이, 반쪽이."

작은 원들이 반원을 에워싸며 노래를 불렀다.

"그래도 지름은 있네."

바퀴가 반원의 지름을 잡고 세게 당겼다. 반원의 몸이 휘청하며 흔들렸다.

"아아아, 이러지 마. 그만해."

반원은 배가 점점 부풀어 올라 터질 것만 같았다. 지름의 양쪽 끝이 끊어질 듯 아팠다. 바퀴는 고통스러워하는 반원의 모습이 재미있다는 듯 지름을 더 세게 잡아당겼다. 반원의 지름이 점점 늘어나며 모양이 변하자 시곗바늘이 그려진 원이 소리쳤다.

"야아, 부채꼴이다!"

"맞아, 맞아, 부채꼴. 엄마~ 닮았네에~"

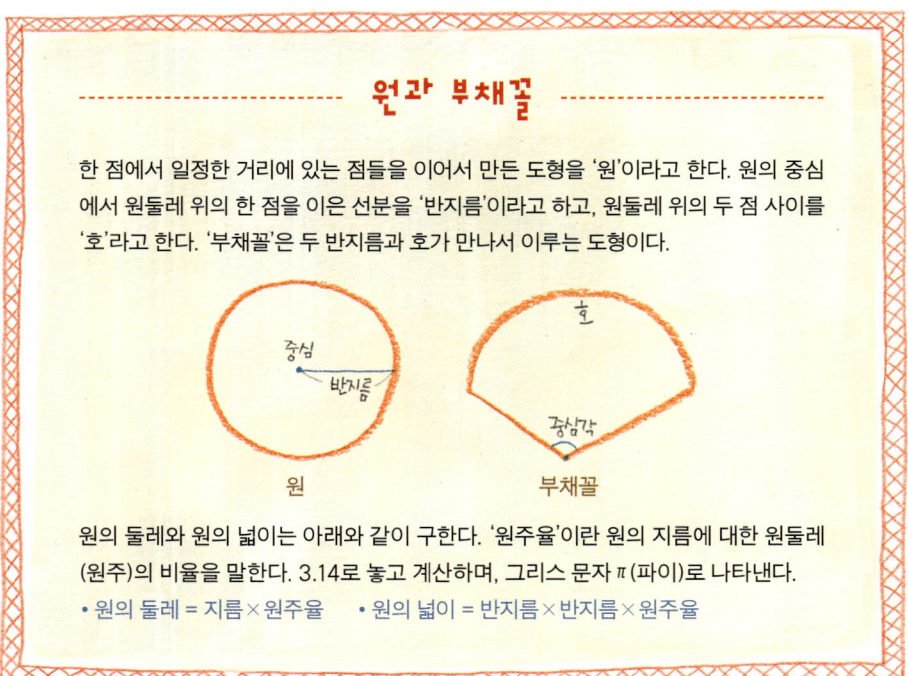

원과 부채꼴

한 점에서 일정한 거리에 있는 점들을 이어서 만든 도형을 '원'이라고 한다. 원의 중심에서 원둘레 위의 한 점을 이은 선분을 '반지름'이라고 하고, 원둘레 위의 두 점 사이를 '호'라고 한다. '부채꼴'은 두 반지름과 호가 만나서 이루는 도형이다.

원의 둘레와 원의 넓이는 아래와 같이 구한다. '원주율'이란 원의 지름에 대한 원둘레(원주)의 비율을 말한다. 3.14로 놓고 계산하며, 그리스 문자 π(파이)로 나타낸다.

- 원의 둘레 = 지름 × 원주율
- 원의 넓이 = 반지름 × 반지름 × 원주율

원들은 몸을 흔들며 흥겨운 리듬으로 합창했다. 중심각이 점점 작아질수록 반원은 부채꼴 모양인 엄마를 닮아 갔다.

"그만해!"

가장자리에 예쁜 꽃무늬를 두른 동글이가 바퀴의 원주를 잡았다. 바퀴 옆에 마치 한 송이 꽃이 붙어 있는 것 같았다. 기분이 상한 바퀴가 동글이를 쏘아보았다. 옆에 있던 다른 원들까지 움츠러들게 하는 위협적인 눈길이었다. 하지만 동글이는 자기보다 훨씬 큰 바퀴를 똑바로 쳐다보았다. 바퀴는 지름이 60센티미터로 동글이의 지름보다 세 배가 크고, 몸은 무려 아홉 배나 더 넓은데도, 동글이는 카랑카랑한 목소리로 맞섰다.

"반원이 괴로워하잖아."

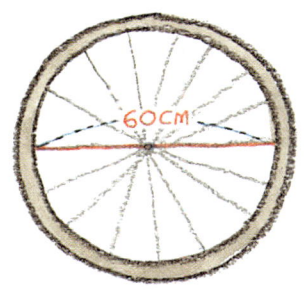

바퀴의 지름 : 동글이의 지름 = 60cm : 20cm = 3 : 1
바퀴의 넓이 : 동글이의 넓이 = 30cm×30cm×원주율 : 10cm×10cm×원주율
= 900cm²×원주율 : 100cm²×원주율 = 9 : 1

"반원을 좀 둥글게 해 주려고. 원이 되려면 이 정도 고통은 참아야지. 안 그래?"

바퀴가 다른 원들을 둘러보며 지름을 으쓱했다. 반원을 에워싸고 있던 작은 원들이 바퀴를 따라 지름을 으쓱했다.

"동그라미 오빠에게는 꼼짝 못하면서, 너무 치사한 거 아니니?"

"흥, 아직도 동그라미를 들먹이네. 그 녀석 사라진 지가 언젠데."

바퀴는 입을 삐죽거리며 반원의 지름을 탁 놓았다. 하마터면 반원은 팽팽하게 잡아당긴 고무줄처럼 튕겨 날아갈 뻔했다. 동글이가 반원을 잡아 주어서 겨우 몸을 가눴다.

"고마워."

"됐어. 여긴 왜 나왔어?"

"심심해서……."

반원이 더 말을 하려는데, 동글이는 획 돌아서 가 버렸다. 바퀴와 다른 원들도 빙글빙글 몸을 움직이며 반원을 지나쳐 갔다. 모두 중심에 힘을 모으고 획획 앞으로 잘도 나갔다. 반원도 천천히 몸을 움직여 집으로 향했다. 지름에 힘을 주고 호를 밀며 굼틀굼틀 앞으로 나

갔다. 반원이 느릿느릿 움직이는 것을 보며 원들이 멀리서 놀려 댔다.

"반원은 느림보래요, 느림보 반쪽이."

외톨이 반원은 동그라미 형이 생각나서 눈물이 찔끔 났다. 반원을 업고 다니며 다른 원들의 놀림을 막아 주던 형이 그리웠다.

부채꼴 엄마, 나이테 아빠

반원은 한참을 움직여 겨우 집에 도착했다. 도화지를 이어 붙인 집이었다. 바탕색이 뿌옇게 바래긴 했어도 군데군데 물감과 크레용 자국이 남아 있어서 알록달록했다. 집으로 들어온 반원은 무지개색의 부채꼴 엄마에게 공연히 화풀이를 했다.

"엄마, 난 왜 원이 아니야? 지름이 5센티미터밖에 안 되는 꼬맹이 원들까지 날 놀려."

부채꼴 엄마가 둥근 호를 움직여 반원을 부드럽게 어루만졌다.

"넌 모양이 다르니까 특별하잖니."

"치, 반쪽 원이 무가 특별해!"

"도형들은 저마다 자기만의 모양을 갖고 태어난단다. 다 똑같은 모양이면 세상이 얼마나 재미없겠니?"

"그래도 난 원이면 좋겠어. 엄마는 그런 생각 안 했어?"

반원은 부채꼴인 엄마도 자기처럼 힘들었을 것 같았다.

"엄마는…… 네가 반원이어서 더 좋은걸. 동그라미처럼 끌려가지 않고 이렇게 엄마 옆에 있을 수 있잖아. 우리 동그라미는 어디서 뭘 하는지……."

엄마는 동그라미 생각에 말을 잇지 못했다.

"도형들은 때가 되면 제 쓰임새를 따라 떠나는 거다. 동그라미는 잘 지낼 거야."

나이테 모양의 아빠가 말했다. 예전엔 세상에서 가장 멋진 아빠였는데, 요즘 들어 부쩍 나이테 줄도 희미하고 기운이 없어 보였다.

"참, 네 옷을 만들었단다. 새 옷 한번 입어 보자."

엄마가 한쪽 반지름으로 눈물을 훔치더니 옷을 내밀었다. 노란색 바탕에 덩굴무늬가 깔끔하게 둘려 있었다. 반원의 몸에 옷을 대보던 엄마가 흐뭇한 미소를 띠며 말했다.

"크지 않을까 싶었는데 맞겠구나. 지름이 30센티미터나 되어서 옷감이 꽤 들었단다."

"야아, 멋있네. 엄마가 예쁜 무늬를 넣어 줬구나."

"이제 호의 길이가 47센티미터도 넘어요. 우리 반원이 많이 자랐죠."

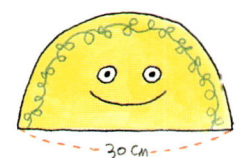

반원의 호의 길이 = 원의 둘레÷2
= (지름×3.14)÷2
= (30cm×3.14)÷2 = 47.1cm

반원은 재빨리 샛노란 덩굴무늬 옷을 입었다. 기분이 산뜻해져서 지름을 흔들어 보았다. 아빠가 환하게 웃었다.

"우리 반원 멋진데? 꼭 노란 반달 같구나. 하늘엔 반달도 있고 보름달, 초승달도 있지. 달은 때에 맞춰 차고 기울며 다양한 모습을 보여 준단다. 그런데…… 이젠 누구도 하늘을 쳐다보지 않아. 원을 좋

아하던 시대도 끝났어."

아빠가 한숨을 쉬며 말했다. 부채꼴 엄마도 낯빛이 어두워졌다.

"그러게 말이에요. 옛날엔 태양을 닮은 도형이라고 원을 얼마나 신성하게 여겼어요. 사람들은 원을 그려서 섬기기까지 했잖아요."

"뭐, 지금은 개성도 없고 미련한 도형으로만 여길 뿐이지."

"이젠 원이 사는 마을도 쓸쓸해요. 폐허처럼 변했어요."

"거참, 세상이 어떻게 되려는지, 모두들 모난 걸 좋아하니……."

아빠 엄마가 넋두리를 늘어놓았다. 엄마가 반원의 호를 토닥이며 분위기를 바꾸어 말했다.

"넌 엄마보다 훨씬 훌륭해. 엄마는 중심각이 120도밖에 안 되지만 넌 180도잖니?"

"다른 원들은 360도인데? 얼마나 빙글빙글 잘 도는데."

"너도 연습하면 잘 움직일 수 있어. 자, 이렇게 해 봐."

부채꼴 엄마가 호를 좌우로 흔들면서 몸을 빙글빙글 돌렸다. 그러자 아빠가 엄마를 놀렸다.

"당신도 곧 반원처럼 중심각이 180도가 되겠어. 점점 넓어지는걸. 예전엔 90도도 안 됐는데, 흐흠."

엄마가 아빠에게 살짝 눈을 흘겼다. 아빠는 헛기침을 하더니 반원을 보며 싱긋 웃었다. 반원은 아빠 엄마를 향해 덩굴무늬 호를 살랑살랑 흔들어 보였다.

컴퍼스 할아버지

반원은 집 앞에 웅크린 채 원들이 어울려 노는 것을 바라보고 있었다. 반원도 같이 어울리고 싶었지만 놀림감만 될 게 뻔했다. 반원보다 지름이 훨씬 큰 바퀴가 기다란 원주를 이리저리 흔들며 원들에게 모험담을 늘어놓았다.

"입체 나라에는 큰 성이 있어. 성문 앞에는 커다란 돌기둥이 양쪽에 서 있지. 밑면이 육각형인 기둥인데 정말 멋있어. 입체 나라에서는 육각기둥이라고 부른대. 너희들 육각기둥 본 적 있어? 육각형은? 하긴 원 마을 밖으로는 가 보지도 못한 너희한테 무슨 말을 하겠니?"

바퀴의 이야기는 언제나 입체 나라에 대한 것이었다. 원 마을을 벗어나 다각형 마을까지 돌아다니던 바퀴는 딱 한 번 입체 나라 앞까지 가 본 적이 있었다. 그래서 틈만 나면 원들을 모아 놓고 자랑삼아 이야기했다.

"입체 나라에 있으면 두께가 저절로 생겨난다더라. 나도 두께가 생겨서 진짜 바퀴가 되면 얼마나 좋을까? 그러면 지금보다 더 자유롭게 돌아다니며 여행할 수 있을 텐데."

바퀴가 원주를 빙글빙글 돌리며 말했다. 지나가던 동글이가 핀잔을 주었다.

"넌 입체도형들이 평면도형을 얼마나 못살게 구는지 모르니? 입체 나라에 들어갔다가는 크게 당하고 말걸."

"모르는 소리! 입체도형들이 원들한테 나쁜 짓이라도 한 적 있니? 다각형들한테나 그러지."

"흥, 입체 나라에 단단히 빠졌구나."

동글이가 한마디 하더니 빙글빙글 빠르게 움직였다. 동글이가 반원 쪽으로 다가오자 반원의 얼굴이 활짝 펴졌다. 하지만 동글이는 반원을 본체만체 그냥 지나쳤다. 반원이 뒤따라가며 말을 걸었다.

"어디 가?"

"알 것 없잖아."

동글이의 쌀쌀한 태도에도 아랑곳없이 반원이 또 말을 걸었다.

"아, 알았다. 컴퍼스 할아버지한테 가는구나."

"상관 말라니까."

원 마을 끝머리에 있는 반원의 집을 지나면 컴퍼스의 집이 있었다. 좀 더 가서 언덕을 넘으면 다각형 마을이 나왔다. 반원은 동글이를 따라가며 또 물었다.

"컴퍼스 할아버지한테 왜 가는데?"

"글쎄, 상관 말라니깐."

"치수 재러 가는 거야? 넌 완벽하게 둥근데, 왜 치수를 재?"

반원은 동글이의 마음을 지레짐작하며 계속 종알거렸다. 동그라미 형도 컴퍼스 할아버지에게 치수를 재러 가곤 했다. 모든 원이 완벽하게 둥근 모양으로 자라지는 않기 때문이다. 한쪽이 찌그러지거나 타원 모양이 되지 않으려면 가끔 치수를 재 보아야 했다.

"몸이 옆으로 자라는 것 같단 말이야!"

동글이가 톡 쏘아붙였다. 하지만 반원이 보기에 동글이는 아주 잘생긴 원이었다.

"잘 모르겠는데? 둥글기만 한걸."

"네가 어떻게 알아? 원은 완벽해야 해. 모르면 좀 가만있어!"

동글이가 날카롭게 말했다. 지름이 클수록 좋은 원이었지만 완벽하게 둥글지 않으면 원으로 인정받지 못했다. 하지만 반원은 자신의 몸이 삐뚤다고 호들갑 떠는 원들도 마냥 부러울 뿐이었다.

"컴퍼스 할아버지가 요즘엔 아무도 안 고쳐 준다던데."

동글이의 심기가 불편하거나 말거나 반원은 또 말을 붙였다. 컴퍼스는 원들의 치수를 재기도 하고 모양이 완벽해지도록 고쳐 주기도 했다. 게다가 원뿐만 아니라 다른 평면도형을 만들어 내는 신통한 능력도 가지고 있었다. 반원도 몇 번이나 찾아가 원으로 만들어 달라고 떼를 쓰곤 했다.

"흥, 네가 그걸 어떻게 알아?"

동글이가 빙글빙글 앞서 나갔다. 반원도 굼틀굼틀 뒤따라갔다. 원 마을을 벗어나자 컴퍼스의 집이 저만치 보였다. 컴퍼스의 집은 가로줄과 세로줄이 빽빽이 그려진 모눈종이였다. 몇몇 원들이 집 앞을 서성이고 있었다. 찌그러진 원, 한쪽이 툭 불거져 나온 원, 길쭉한 타원 모양의 원 들이었다.

동글이가 먼저 집 안으로 들어갔다. 부지런히 따라간 반원이 집 안에 들어서니, 컴퍼스가 한쪽 다리를 접었다 폈다 하며 골똘히 생각에 잠겨 있었다. 컴퍼스는 다리에 눈금이 있어서 양쪽 다리를 자유롭게 벌려 도형의 치수를 잴 수 있었다. 원이나 호를 그릴 때면 한쪽 끝에 달린 바늘로 중심을 잡고 다른 쪽을 획획 돌렸다. 동글이는 심호흡을 크게 하고 조그만 목소리로 말했다.

"할아버지, 제 몸이 옆으로 자라는 것 같아요."

"평면도형이라면 어떤 모양이라도 만들 수 있어. 선과 면만 있다면 문제 될 거 없지."

컴퍼스는 아무 소리도 들리지 않는다는 듯 혼잣말을 중얼거렸다.

"컴퍼스 할아버지, 안녕하세요?"

반원이 큰 소리로 인사하자 컴퍼스가 한쪽 다리를 조금 움직여 보였다. 하지만 대답은 없었다. 동글이가 좀 더 크게 말했다.

"제 몸 좀 살펴봐 주세요. 완벽한 원이 아닌 것 같아요."

"원이 뭔지나 알고 하는 말이냐?"

"원은 한 점에서 일정한 거리에 있는 점들을 이어서 만든 도형이에요. 음…… 어느 쪽에서 봐도 완벽한 대칭을 이루기 때문에 옛날부터 아름답고 신비로운 도형으로 여겨졌대요."

동글이가 또랑또랑한 목소리로 말했다. 목소리에서 자부심이 한

껏 느껴졌다. 컴퍼스는 동글이를 흘깃 보더니 조금 부드러워진 목소리로 말했다.

"제법인걸. 자신에 대해 제대로 모르는 엉터리 도형도 많지."

"할아버지, 전 완벽한 원이 되고 싶어요. 저 이러다 타원이 되면 어쩌죠?"

컴퍼스가 동글이 쪽으로 몸을 휙 돌리며 꾸짖었다.

"타원이 어때서 그래? 타원도 완벽하고 아름다워. 함부로 다른 도형을 얕보면 안 되지. 이리 와 봐."

컴퍼스가 동글이를 향해 한쪽 다리를 까딱까딱했다. 동글이가 몸을 빙글 돌려 다가갔다. 컴퍼스는 다리를 동글이의 지름에 갖다 대며 말했다.

"음, 지름이 20센티미터군. 원의 둘레는 지름에 비례하지."

"네, 원이 크건 작건 상관없이 원의 둘레는 지름의 3.14배지요. 그러니까 제 둘레는 62.8센티미터가 되어야 해요."

동글이가 똑 부러지게 말했다. 컴퍼스가 바늘을 돌리며 동글이의 둘레를 재는 동안 동글이는 몸을 쭉 펴고 숨을 멈춘 채 가만히 있었다.

"지름은 20센티미터이고, 둘레는…… 딱 60센티미터군."

동글이가 참았던 숨을 훅 내쉬며 말했다.

"후유, 그럼 2.8센티미터나 모자라요?"

"이 정도면 괜찮아. 둘레를 지름으로 나누면 원주율이 3은 되잖아.

예전에는 원주율을 3으로 놓고 계산하기도 했단다. 게다가 3.14도 정확한 원주율 값은 아니야."

"그래도 완벽한 원이 아니잖아요. 할아버지, 저 교정해 주세요."

"글쎄, 괜찮다니까. 그냥 둬."

컴퍼스가 퉁명스럽게 말했지만 동글이는 고집을 피웠다.

"싫어요. 저 교정 잘 받을 수 있어요."

"나도 힘들어. 그동안 나는 자와 한 몸이 되어 도형을 만들었어. 우주를 창조하는 마음으로 온 힘을 다했지. 이젠 그럴 힘도 없구나."

컴퍼스가 기운 없이 말했다. 그리고 보니 컴퍼스의 다리가 예전처럼 휙휙 팽그르르 돌아가지 않고 느릿느릿 빙그르 돌았다.

"아이, 이제 저 어떡해요."

동글이는 곧 울음을 터뜨릴 것처럼 울상을 지었다. 원을 교정하는 일은 컴퍼스에게도, 교정받는 원에게도 힘든 일이었다. 원은 중심인 배꼽에 바늘이 꽂히는 아픔과 둘레를 늘이는 고통을 참아야 했고, 컴퍼스는 원의 둘레를 늘이기 위해 두 다리를 힘껏 벌린 채 갖은 힘을 다해야 했기 때문이다. 그래서 컴퍼스는 웬만해선 교정을 잘 해 주지 않았고, 교정이 두려워서 스스로 포기하는 원도 많았다. 하지만 자존심이 강한 동글이는 완벽한 원이 되는 걸 포기하고 싶지 않았다. 반원은 동글이의 마음을 이해할 수 있었다. 원이 될 수만 있다면 아무리 힘든 교정이라도 참아 낼 수 있을 것 같았으니까.

멋진 다각형

다각형 마을에 가다

    컴퍼스의 집을 나오니 저만치 야트막한 언덕이 보였다. 언젠가 동그라미 형과 함께 올랐던 곳이었다. 반원은 동글이와 헤어져 집과 반대쪽인 언덕으로 향했다. 다각형 마을 입구에 있는 이 언덕은 평면나라에서는 제법 높은 곳이었다. 반원은 한참을 굼틀거리며 움직여 겨우 언덕 위에 올랐다. 싱그러운 풀밭과 울긋불긋한 다각형 마을이 한눈에 들어왔다. 원들이 사는 마을과 달리 밝고 활기찼다.

    "이야, 정말 다양한 모양의 도형이 있네. 저건 모양이 삐뚤빼뚤한 게 제멋대로 생겼는걸?"

    반원은 여러 가지 모양의 평면도형이 이리저리 움직이는 모습을 부러운 눈으로 쳐다보았다.

"모두 생김새가 다르니까 날 놀리지 않고 같이 놀아 주지 않을까?"

반원은 천천히 언덕 아래로 움직였다. 지름에 온 힘을 모아 바닥을 단단히 붙잡고 비탈진 곳을 조금씩 내려갔다. 낮은 언덕이라도 내리막이어서 중심 잡기가 힘들었다. 갑자기 반원의 몸이 미끄러지더니 지름이 벌렁 뒤집혔다. 반원은 그대로 언덕을 쏜살같이 내려왔다.

반원은 바닥에 철퍼덕 떨어졌다. 정신을 차려 보니 몸이 바닥에 널부러져 있었고 몹시 어지러웠다. 버둥거리며 몸을 일으키려는데 푸른 하늘이 아련히 보였다. 오랜만에 보는 하늘이었다. 반원은 그대로 등을 깔고 누운 채 눈을 가늘게 뜨고 하늘을 감상했다. 하늘은 아득히 싱그러운 풀밭과 맞닿아 하나의 푸른 평면이 되었다. 반원은 문득 자신을 쳐다보는 눈이 많다는 걸 느꼈다.

"야, 이건 뭐야. 처음 보는 도형인데? 원도 아니고, 다각형도 아니고……."

"반쪽 원이네."

누군가 소리쳤다. 그러자 꼭지각이 뾰족이 솟은 삼각형이 노래를 부르기 시작했다.

"꼭 반달 같잖아? 낮에 나온 반달은 하얀 반달은~ 아니, 노란 반달인가?"

"해~님이 쓰다 버린 쪽박인가요~"

"맞아, 맞아, 쪽박. 노란 쪽박! 하하하."

몰려든 다각형들이 온몸의 각을 흔들며 깔깔댔다. 노래를 부르던 삼각형이 길쭉하게 쭉 뻗은 양변을 흔들면서 반원에게 다가왔다. 날카로운 꼭지각을 보란 듯이 내밀고는 생글생글 웃으며 반원의 지름을 탁 잡아당겼다가 톡 놓았다. 반원의 지름은 활시위처럼 늘어났다가 제자리로 돌아오며 튕겼다. 반원은 지름을 문지르며 삼각형을 보았다. 양변이 같고 두 밑각이 같은 이등변삼각형이었다. 균형이 잘 잡힌 몸매인 데다가 특히 꼭지각이 뾰족해서 몹시 늘씬했다. 이름도 '뾰족이'라고 했다.

"와아, 너 참 멋지구나. 꼭지각이 정말 뾰족하네. 몇 도야?"

반원은 뾰족이가 자신의 지름을 잡아당긴 건 잊어버린 채 감탄하며 물었다.

"흥, 네까짓 게 그건 알아 뭐해."

뾰족이가 쌀쌀맞게 대꾸했다. 옆에 있던 정사각형이 입을 삐죽이며 말했다.

"얘는 꼭지각이 30도나 된다고. 얘보다 뾰족한 애들이 얼마나 많은데."

"뭐? 그러는 넌 90도나 되는 주제에."

자존심이 상한 뾰족이가 날카로운 꼭지각을 들이대며 정사각형을 위협했다. 정사각형은 흠칫 물러났지만 곧 으스대며 말했다.

"그야 우린 반듯한 신사 도형이니까. 네 각이 모두 직각이지."

"피, 신사 도형? 촌스럽기는. 각이 모두 뭉뚱하고 똑같잖아. 차라리 평행사변형이나 마름모가 멋있겠다. 도형은 모름지기 개성이 있어야 한다고!"

그러자 정사각형의 얼굴이 확 달아올랐다.

"뭐? 그깟 사각형들과 우리 정사각형을 비교해?"

"뭘 그러니? 미련한 사각형이기는 마찬가진데. 오호, 마침 저기 너희 형제가 오네."

뾰족이가 양 밑각을 흔들며 가리켰다. 길쭉한 직사각형이 휘적휘적 다가오고 있었다. 정사각형이 발끈했다.

"뭐, 뭐라고? 쟤랑 나는 달라. 우리 정사각형은 모든 변의 길이와 각의 크기가 같은, 품위 있는 정다각형 집안이라고. 저렇게 넙데데한 게 감히 우리와 형제라니!"

"됐어. 나도 너희랑 형제 하기 싫거든!"

파란 직사각형이 어느새 다가와 딱 잘라 말했다. 다각형 마을에서도 완벽하지 않은 도형은 따돌림을 당하는 듯했다. 반원은 뾰족한 꼭지각을 앞세우고 민첩하게 쌩쌩 움직이는 뾰족이를 부러운 눈으로 바라보았다. 지금 평면 나라에서 가장 인기 있는 도형은 역시 이등변삼각형이었다.

예전엔 변이 많고 원과 비슷한 모양일수록 좋은 다각형으로 인정받았다. 하지만 지금은 꼭지각이 뾰족하고 변의 수가 작을수록 인기였다. 다각형 중에서는 변의 수가 가장 작고 양쪽 변의 길이가 같은 이등변삼각형을 최고로 꼽았다. 이등변삼각형들은 꼭지각을 문질러서 뾰족하게 다듬거나 깎아 내기도 했다. 그러다 꼭지각을 너무 줄여서 밑변이 1센티미터도 되지 않는 삼각형도 나왔다. 어떤 삼각형은 양쪽 변이 들러붙어서 면이 없는 직선이 되고 말았다는 이야기가 원 마을까지 퍼지기도 했다. 평면 나라에서 직선은 가장 초라한 도형이었다. 반원의 아빠 말대로 모두 모난 걸 좋아하는 세상이었다.

반원이 멍하니 뾰족이를 바라보고 있는데 넓적한 직사각형이 다가왔다. 직사각형은 반원을 직각으로 가볍게 툭 치며 말을 걸었다.

"너는 원이긴 한데 반만 원이네?"

다각형

다각형은 세 개 이상의 변으로 둘러싸인 도형을 말한다. 변의 수에 따라 삼각형, 사각형, 오각형 등으로 부르고, 변이 많을수록 원에 가까운 모양이 된다.

1. 삼각형 중에서 두 변의 길이가 같은 것은 이등변삼각형, 세 변의 길이가 같은 것은 정삼각형, 한 각이 직각인 것은 직각삼각형이라고 부른다.

2. 사각형 중에서 마주 보는 한 쌍의 변이 평행인 것은 사다리꼴, 두 쌍의 변이 평행인 것은 평행사변형이다. 평행사변형이면서 네 변의 길이가 모두 같으면 마름모라고 한다. 그리고 네 각이 모두 직각인 것은 직사각형, 네 각의 크기와 네 변의 길이가 모두 같은 것은 정사각형이다.

3. 변의 길이가 모두 같고 각의 크기가 모두 같은 다각형을 정다각형이라고 한다. 변의 수에 따라 정삼각형, 정사각형, 정오각형, 정육각형, 정팔각형 등으로 부른다.

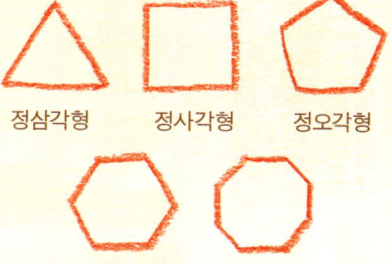

"으응, 너희 다각형은 변도 많고 각도 많구나. 뾰족한 꼭짓점이 정말 멋있어."

"원들이 더 멋있던데."

"하지만 난 원도 아닌걸. 반쪽뿐인 내 모습이 우습지?"

"아니, 너도 네 나름의 매력이 있어. 게다가 넌 색깔이 아주 예쁜데?"

"고마워. 이거 엄마가 만들어 준 옷이야."

반원은 직사각형과 나란히 움직였다. 직사각형은 느린 반원에게 맞춰 천천히 움직여 주었다. 반원은 처음으로 좋은 친구를 사귄 것만 같아 마음이 설레었다.

"내 이름은 네모야. 사다리꼴 아빠가 지어 주신 이름이지."

"내 이름은 그냥 반원이야."

반원과 네모는 어느덧 다각형 마을의 모자이크 광장에 이르렀다.

누가 타일이 되는가

다각형 마을의 한가운데에 있는 광장은 여러 가지 색깔과 무늬의 모자이크로 꾸며져 있었다. 또 많은 다각형이 모여 있어서 굉장히 떠들썩했다. 화려하게 단장한 정다각형들이 광장으로 들어오자 다른

다각형들이 광장 한쪽으로 비켜섰다.
반원이 네모에게 물었다.

"와아, 예쁘다. 오늘이 무슨 날이야?"

"응, 정다각형들이 건물을 꾸미는 타일이 되는 날이야. 가장 아름다운 타일로 뽑히면 궁전에도 갈 수 있대."

화려한 색깔의 무늬를 입고 반짝반짝 윤이 나는 정다각형들이 길게 늘어서자, 광장은 축제라도 벌어진 듯 울긋불긋해졌다. 정다각형들은 쓸모 있는 도형으로 인정받았다는 자부심과 새로운 세상으로 나간다는 설렘으로 가득해 보였다. 모두가 화려하고 멋진 모습이었다. 그중에서도 금빛으로 번쩍번쩍 빛나는 정육각형이 가장 돋보였다.

"와아, 저기 금빛 도형 좀 봐."

반원이 정육각형을 브며 감탄하자 네모가 시큰둥하게 대답했다.

"겉만 화려하지, 바닥이나 벽에 붙어 살면 답답할 거야."

"정다각형들만 타일이 되는 거니?"

"응, 딱 세 가지 정다각형만 타일이 될 수 있어."

"세 가지?"

"그래. 정삼각형, 정사각형, 그리고 정육각형."

"왜 다른 정다각형은 타일이 못 돼?"

반원이 지름을 갸우뚱했다.

"저기를 봐."

네모가 푸른빛 윤기가 반들거리는 정삼각형들을 가리켰다. 정삼각형들은 몸을 서로 붙인 채 관중을 보며 자기들의 외모를 마음껏 뽐내고 있었다.

"저렇게 빈틈없이 이어 붙일 수 있어야 타일이 돼. 정삼각형의 경우 한 꼭짓점에 여섯 개의 정삼각형을 이어 붙일 수 있지."

"아, 그렇구나. 정말 빈틈없이 붙여 놓았네. 어? 저쪽에는 한 꼭짓점에 정사각형 네 개를 붙였어."

반원이 정사각형 타일들을 가리켰다. 이번에는 네모가 금빛 정육각형을 가리키며 말했다.

"맞아, 꼭짓점을 이어 붙여서 360도가 되어야만 빈틈이 생기지 않아. 정육각형은 한 내각이 120도니까 세 개를 이어 붙일 수 있어. 꼭 벌집 모양 같지?"

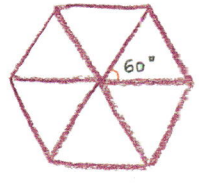 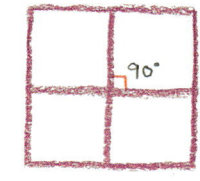 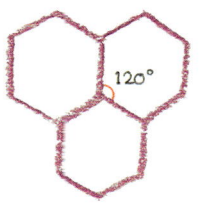

60°×6=360°   90°×4=360°   120°×3=360°

"그럼 정오각형들은……?"

반원은 앞에서 타일들을 보고 있는 정오각형을 가리켰다. 네모가 목소리를 낮추어 말했다.

"정오각형은 한 내각이 108도잖아. 세 개를 이어 붙이면 324도, 네 개를 이어 붙이면 432도야. 아무리 해도 360도가 되지 않지."

"아, 그렇구나. 그래서 정오각형은 타일이 못 되는구나."

반원이 정오각형을 바라보며 호를 끄덕였다.

아름다운 황금 도형

"흥, 타일이 뭐 대단한 거라고. 우리는 저 따위 금칠을 하지 않아도 황금 도형이야."

앞을 보던 정오각형이 갑자기 돌아보며 말했다. 반원이 물었다.

"황금 도형?"

"너 참 못나게도 생겼구나, 쯧쯧. 근데 황금 도형을 모르다니, 평면도형 중에 최고인 우리 정오각형을 정말 모르니?"

정오각형이 꼭짓점을 으쓱하며 반원에게 말했다.

"내 몸의 꼭짓점을 연결해서 대각선을 그리면 별 모양이 돼. 그 별 속엔 작은 정오각형이 또 숨어 있지. 정오각형 별이 너무나 아름다워서 수학자 피타고라스는 머리에 쓰는 관에도 붙이고 다녔대."

"그럼 그걸 황금으로 만들었다는 거야?"

반원이 묻자 정오각형이 한심하다는 표정을 지었다.

"이런 바보. 넌 생긴 게 반쪽이라서 생각도 모자라는구나. 내 몸의 비율이 황금처럼 최고라는 말이야."

반쪽이라는 말에 반원의 얼굴이 화끈 달아올랐다. 네모가 발끈해서 쏘아붙였다.

"그래, 너희는 얼마나 똑똑하기에 어린 다각형들을 꼬여서 입체 나라에 넘겨 주냐?"

"쳇, 무슨 오해가 있나 본데, 그 애들이 입체 나라에 가고 싶대서 도와준 것뿐이라고."

네모가 무슨 말을 더 하려는데 반원이 막았다.

"됐어, 그만해. 어쨌든 황금으로 만든 건 아니네. 난 또……."

"아직도 못 알아듣는군. 정오각형은 한 변의 길이와 대각선의 길이의 비가 1 대 1.618이야. 또 한 대각선은 다른 대각선에 의해 1 대 1.618의 비로 나뉘지. 이 비율이 바로 황금비! 가장 아름다운 비라는 뜻이야. 이 정도는 알고 있어야지."

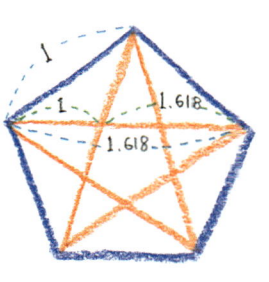

정오각형이 다섯 개의 꼭짓점을 팔랑팔랑 흔들며 말을 계속했다.

"내 이름을 영어로 하면 펜타곤! 장군들이 모여 회의하고 명령을 내리는 건물도 내 모양을 본떠 만들었다고!"

펜타곤
미국 워싱턴에 있는 미국 국방부 건물. 오각형 모양을 띠고 있어서 펜타곤이라고 부른다.

그때 컴퍼스가 바늘을 세워 휘적휘적 걸어왔다.

"흠흠, 정다각형 타일은 지겹군. 다른 모양으로 배열을 만들면 아름답겠는데……."

"어? 컴퍼스 할아버지!"

반원이 반갑게 인사를 하자, 컴퍼스는 바늘을 한 번 까딱하고는 정오각형에게 말했다.

"황금비는 너희만 있는 줄 아느냐?"

"무슨 소리야, 황금 도형은 우리 정오각형뿐이야! 영감이 무슨 헛소리를 해."

정오각형이 꼭짓점을 팔랑거리며 쏘아 댔다.

"이런 버릇없는 놈을 봤나. 고귀하게 태어났으면 좋은 도형이 되어야지, 쯧쯧."

컴퍼스는 바늘을 위아래로 흔들며 정오각형을 꾸짖더니 네모를 향해 바늘을 까딱했다.

"너, 이리 와 봐."

"저 말씀이세요?"

네모가 꼭짓점을 갸우뚱하며 컴퍼스 앞으로 주뼛주뼛 갔다.

"내가 보기엔 가로가 30센티미터인데……."

컴퍼스는 바늘을 네모의 꼭짓점에 댄 다음, 다른 쪽 다리를 휘익 돌려 변의 길이를 쟀다.

"세로는 18.54센티미터. 그러면 세로와 가로의 비율이 대략 1 대 1.618이군. 바로 황금비야."

"네에? 황금비라고요?"

"그렇다니까. 넌 황금비를 가진 직사각형, 바로 황금 사각형이지. 요즘 가장 많이 쓰이는 도형일 게다."

"뭐? 저렇게 흔해 빠진 직사각형이 황금 도형이라니, 말도 안 돼!"

정오각형이 꼭짓점을 파르르 떨었다. 컴퍼스는 정오각형을 향해 바늘을 휘두르며 말했다.

"흔하다는 것은 곧 가장 사랑받는 도형이라는 뜻이지. 신분증이나 명함, 신용카드처럼 중요하고 자주 쓰는 것은 황금 사각형 모양이야. 아름다운 그림도 황금비를 이룬 캔버스나 액자에 담곤 하지."

"흥, 그렇게 흔한 건 귀한 게 아냐."

정오각형이 씩씩거렸고 네모는 어안이 벙벙했다. 반원이 호를 팔랑거리며 네모를 흔들었다.

"네모야, 네가 황금 사각형이래. 와아, 좋겠다."

"으응. 할아버지, 제가 정말 황금 사각형이에요?"

네모가 얼떨떨한 목소리로 컴퍼스에게 물었다.

"그렇단다. 황금 사각형은 참 아름답지. 옛날 그리스에서 파르테논 신전을 지을 때 이 황금비로 지었단다. 그 모습이 너무나 아름다워서 모두들 그 모양을 따라 건물을 지었지."

"쳇, 황금비는 정오각형이 최고야."

정오각형은 꼭짓점을 팔랑 튕기고는 타일 행렬 쪽으로 가 버렸다. 네모는 꼭짓점을 꼿꼿이 들고 네 변을 쭉 펴며 물었다.

"할아버지, 제가 정사각형보다 더 아름다운가요?"

"모든 도형은 아름다운 거야. 하수구 구멍에 있는 도형조차도!"

"그래도 반원은 아니죠? 저만 쓸모없어요."

파르테논 신전
기원전 5세기에 그리스 아테네에서 지어진 신전. 세로와 가로의 길이의 비가 1:1.618을 이룬다.

반원이 힘없이 말하자 컴퍼스가 말했다.

"모두가 쓸모없다고 하는 도형들, 이름도 제대로 없는 도형들이 얼마나 아름다운지 볼 테냐?"

"네에? 그런 도형도 아름다울 수 있어요?"

"보고 싶으면 따라와."

컴퍼스가 바늘을 한 번 까딱하고 앞서 갔다. 반원이 부지런히 컴퍼스를 따라갔다. 네모는 다각형 마을 어귀까지 따라오다가 인사를 하고 헤어졌다.

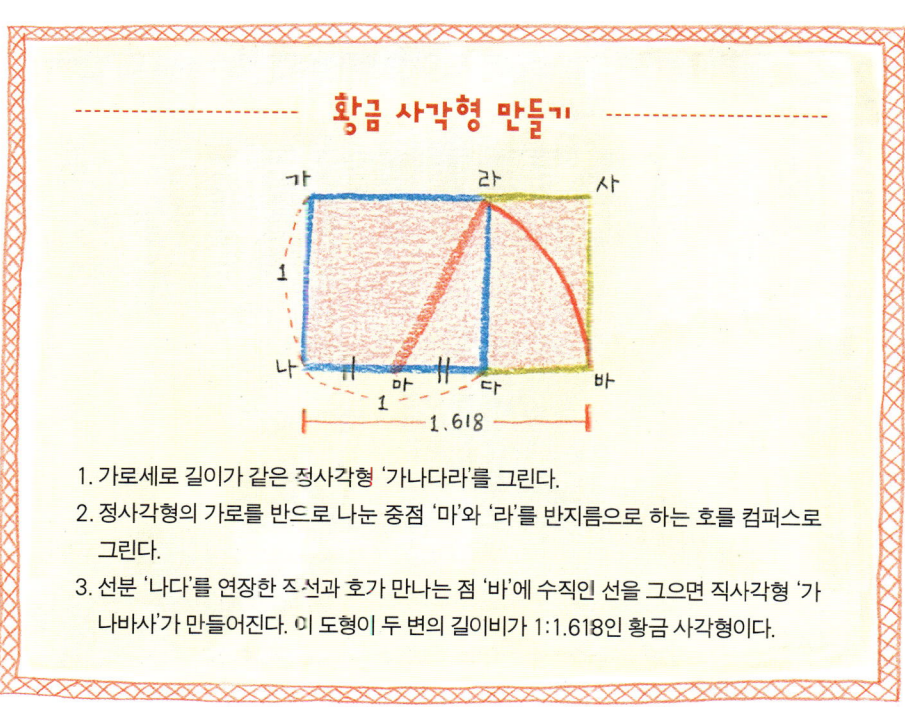

황금 사각형 만들기

1. 가로세로 길이가 같은 정사각형 '가나다라'를 그린다.
2. 정사각형의 가로를 반으로 나눈 중점 '마'와 '라'를 반지름으로 하는 호를 컴퍼스로 그린다.
3. 선분 '나다'를 연장한 주선과 호가 만나는 점 '바'에 수직인 선을 그으면 직사각형 '가나바사'가 만들어진다. 이 도형이 두 변의 길이비가 1:1.618인 황금 사각형이다.

평면도형, 예술이 되다

컴퍼스와 반원은 다각형 마을을 나와서 컴퍼스의 집으로 들어갔다. 컴퍼스는 푸른색 모눈으로 된 거실 모퉁이를 돌아 복도 한쪽에 있는 방으로 들어가며 바늘을 까딱했다.

"들어와."

반원이 호를 들이밀며 방 안을 들여다보았다. 다양한 색깔의 모자이크로 바닥을 장식한 아름다운 방이었다.

"와아, 할아버지가 꾸민 거예요? 바닥이 근사해요."

"타일이 잔뜩 깔려 있지? 이처럼 어떤 틈이나 포개짐 없이 도형으로 평면을 완전히 덮는 것을 '테셀레이션'이라고 한단다. '타일 깔기'라고도 하지."

"타일은 정삼각형이나 정사각형처럼 반듯한 도형만 되는 거 아니에요? 이건 모양이 삐뚠 사각형이잖아요. 이런 도형도 타일이 될 수 있어요?"

반원은 눈을 반짝이며 컴퍼스를 올려다보았다. 컴퍼스가 바늘로 사각형 한 무리를 가리켰다.
"여기를 봐라. 사각형 네 개를 서로 대칭하여 붙였지."

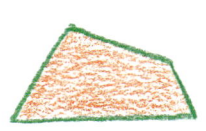 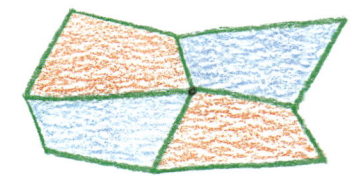

"어? 바람개비 날개처럼 돌아가며 붙어 있어요."
"그래, 바람개비는 한 점을 중심으로 네 개의 날개가 모여 있지. 이 사각형들도 마찬가지야. 합동인 사각형 네 개가 한 점을 중심으로 대칭을 이루고 있어. 이렇듯 한 꼭짓점에 모인 도형의 내각을 모두 더해 360도가 되면 어떤 도형도 타일이 될 수 있단다."
"이렇게 삐뚤빼뚤 볼품없는 도형이 모여 아름다운 평면이 되다니, 정말 신기해요."
"도형의 합동과 대칭을 이용하면 어떤 도양의 타일도 만들 수 있지. 어때? 정다각형들이 만든 타일만큼이나 아름답지?"

"네, 정말 그래요."

"정다각형들도 어떻게 배열하느냐에 따라 모양이 달라질 수 있어. 여기를 보렴."

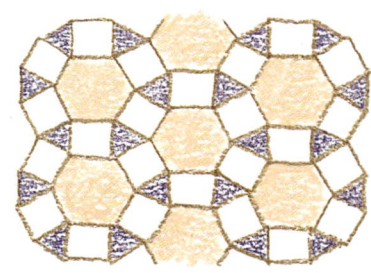

컴퍼스가 다리를 벌려 옆에 있는 평면을 가리켰다. 정사각형 하나를 정삼각형 네 개가 둘러싼 모양으로 복잡해 보였지만 무척 화려했다. 또 그 옆에는 정육각형을 정삼각형과 정사각형이 둘러싼 모양이 보였다. 마치 원 모양의 고리를 연결한 것 같았다. 컴퍼스가 바늘로 왼쪽 테셀레이션을 가리키며 물었다.

"여기 한 꼭짓점에 정삼각형 세 개, 정사각형 두 개가 붙어 있다. 내각을 모두 더하면 얼마냐?"

"정삼각형은 60도니까 세 개면 180도, 정사각형은 90도니까 두 개면 180도, 모두 더하면 360도예요."

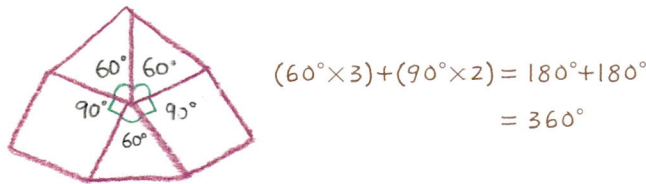

"그 옆의 것은?"

반원이 오른쪽 테셀레이션의 한 꼭짓점을 가리키며 말했다.

"여기 한 꼭짓점에 정사각형 두 개와 정삼각형 하나, 정육각형 하나가 모였어요. 으음, 정사각형은 두 개니까 180도, 정삼각형은 60도, 정육각형은 120도, 모두 더하면 정말 360도네요."

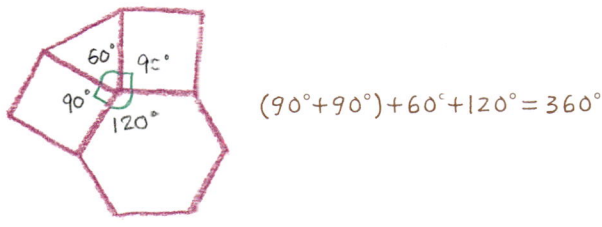

"이제 진짜 멋진 그림을 보여 줄까?"

컴퍼스는 정다각형 테셀레이션 평면을 성큼성큼 지나서 어두침침한 복도로 나갔다. 그리고 복도 끝에 있는 방으로 들어갔는데, 아주 밝고 화려한 방이었다. 바닥은 모두 도형을 배열하여 만든 그림으로 꾸며져 있었다. 그런데 도형의 모양이 무척 다양했다. 꽃이나 나무 모양의 도형뿐만 아니라 나비, 물고기, 도마뱀 모양의 도형들이 다양

M.C. Escher's "Square Limit" ©2011

마우리츠 코르넬리스 에스허르의 「사각형의 극한」(1964)
에스허르는 물고기, 도마뱀, 박쥐, 새, 말 등의 모양을 다양하게 대칭이동 하여 정교하고 환상적인 작품을 만들어 냈다.

하게 배열되어 있었다. 반원은 바닥을 보며 감탄했다.

"와아, 여긴 할아버지의 미술관이에요?"

"이 그림들은 모두 합동이거나 닮은 도형을 배열한 테셀레이션이야. 같은 모양의 도형을 다양한 방법으로 이동시켜 완성했지."

"멋져요. 정말 황홀해요. 이게 모두 도형이란 말이에요?"

반원은 이렇게 멋진 도형들의 모습을 본 적이 없었다. 반원은 바닥을 이리저리 돌아다니며 그림을 구경했다.

입체도형들의 침입

내 도형을 밟지 마라

"할아버지, 컴퍼스 할아버지!"

다급한 목소리가 복도 끝에서 들려왔다. 컴퍼스가 바늘을 쫑긋 세우며 짜증스레 말했다.

"누구야? 누가 이리 시끄러워?"

"네모 목소리예요. 아까 헤어졌던 직사각형 네모요."

컴퍼스와 반원은 방을 나섰다. 복도를 지나 정다각형 테셀레이션 평면의 방으로 오자, 네모가 황급히 말했다.

"할아버지, 큰일 났어요. 다각형 마을이, 헉헉."

"이 녀석아, 숨 좀 돌리고 천천히 말해라."

"네모야, 무슨 일이야?"

"반원아, 어떡해. 헉헉. 할아버지, 입체도형들이 쳐들어왔어요. 다각형들이 끌려갔어요!"

네모가 두 변을 곧추세우고 컴퍼스와 반원을 번갈아 보며 말했다.

"뭐야? 입체도형들이 수상하다 했더니 기어코 쳐들어왔군."

"그럼 어떡해요? 끌려간 도형들은 어떻게 돼요? 네모야, 너희 집은 괜찮아?"

반원이 걱정스레 묻자 네모가 재빨리 대답했다.

"몰라, 집으로 가는 길에 입체도형들이 있어서 집에 못 갔어."

"어떡해? 왜 다각형들을 끌고 간 거야?"

"도형 탑을 쌓는다고. 평면도형을 닥치는 대로 끌고 가서 탑을 쌓는대."

"입체도형들은 아직 마을에 있느냐?"

"다각형 마을에 있다가 지금은 원 마을로 들어갔대요."

네모가 반원을 보며 말했다. 반원은 놀라서 지름을 떨었다.

"뭐? 우리 마을에? 빨리 집으로 돌아가야겠어."

"안 돼! 지금 나가면 입체도형들에게 끌려갈 거야."

"그래도 집에 가야 해. 엄마 아빠가 걱정하실 거야."

반원이 방을 나서려 하자 네모가 말렸다.

"반원아, 안 돼. 원 마을은 위험해."

"지금 나가면 잡힐 거다."

컴퍼스도 반원을 달랬다.

"엄마가 걱정하실 거예요. 우리 집 괜찮을까? 형도 없는데……."

반원은 금방이라도 울음을 터뜨릴 듯 울상이 되었다. 반원의 말에 네모의 표정이 어두워졌다. 네모도 집에 혼자 남아 있는 사다리꼴 할머니가 걱정되었다.

"괜찮을 거야."

네모가 반원을 위로했다. 그 말은 곧 네모 자신에게 하는 말이기도 했다. 컴퍼스가 바늘을 세우고 침착하게 말했다.

"자, 방법을 찾아보자. 입체도형들이 여기에도 곧 올 거다. 우선 마을 뒤에 있는 언덕으로 가거라."

"마을 뒤 언덕이라면 선들이 사는 흙무지요?"

"그래, 입체도형들의 눈에 띄지 않도록 선들이 사는 곳에 숨어 있어. 면이 있는 도형들만 끌고 가는 걸 테니, 흙무지는 안전할 거다. 다른 다각형들에도 알려."

"선들이 도와줄까요?"

"글쎄다, 그래도 같은 평면도형인데 내치기야 하겠니."

선들은 다각형 마을 뒤의 야트막한 흙무지에 모여 살았다. 그동안 다각형들은 선들을 면이 없는 도형이라고 무시하며 상대하지 않았다. 원들도 마찬가지였다.

"자, 어서 가거라. 입체도형들이 곧 올 거야."

쿵쿵! 갑자기 바닥이 크게 흔들리며 울렸다. 쿵쿵거리는 소리가 점점 가까이 들려왔다.

"벌써 집 앞까지 왔나 보다."

네모와 반원이 뭐라고 말하기도 전에 입체도형들이 집 안으로 들이닥치는 소리가 들렸다. 컴퍼스가 황급히 셀로판지를 끌어당겨 반원과 네모를 덮었다. 곧 한 무리의 입체도형들이 컴퍼스 앞에 나타났다. 너무나 아슬아슬한 순간이었다. 반원과 네모는 터지려던 비명을 꿀꺽 삼켰다. 피라미드 두 개를 위아래로 붙여 놓은 것처럼 생긴 다면체가 가장 앞에 있었다. 길쭉한 이등변삼각형 여덟 개로 둘러싸인 팔면체였다. 그 뒤에는 면이 몇 개인지 세기도 힘들 만큼 울퉁불퉁한 다면체들이 있었다. 셀로판지의 색깔이 어두워서 입체도형들은 숨어 있는 반원과 네모를 볼 수 없었다. 하지만 네모와 반원은 입체도형들의 무시무시한 모습이 훤히 보였다.

"이놈들아, 여긴 왜 왔어?"

컴퍼스가 입체도형들을 향해 쏘아붙였다. 팔면체가 뾰족한 꼭짓점을 들이대며 말했다.

"영감이 평면도형을 만든다며? 쓸 만한 도형 없어?"

"네놈들이 쓸 도형은 없다!"

컴퍼스가 소리쳤다. 반원과 네모는 떨리는 몸을 서로 잡아 주며 무서움을 참았다. 이렇게 가까이에서 입체도형을 본 것은 처음이었다. 팔면체가 테셀레이션 평면을 내려다보며 말했다.

"음, 바닥이 무척 좋아. 그런데 죄다 볼품없는 사각형들이군. 오호, 이 정다각형들은 덧진데? 이것들을 벗겨 가면 쓸 만하겠어."

컴퍼스가 콧방귀를 뀌었다.

"흥, 그건 가져가 봐야 소용없을걸. 생명이 없는 도형들이니까. 모두 그림일 뿐이지."

"그렇군. 그럼 어떤 게 좋을까? 영감이 추천할 만한 건 없나?"

팔면체가 또다시 날카로운 꼭짓점을 컴퍼스에게 들이대며 한 바퀴 돌았다. 방 안쪽을 두리번거리던 다면체 하나가 외쳤다.

"여기, 복도가 있는데?"

그러자 입체도형들이 우르르 복도로 몰려갔다. 그들은 곧 복도 끝의 방으로 들어갔다.

"오호! 멋지군, 멋져."

팔면체가 물고기 그림의 테셀레이션 위에서 꼭짓점을 팽그르르 돌리며 환호했다. 서로 다른 모양의 다각형으로 이루어진 험상궂은 모습의 다면체가 모서리로 바닥을 긁으며 말했다.

"쳇, 그냥 그림일 뿐이잖아."

"그래도 이 도형들은 마치 생명이 있는 것 같단 말이야. 대단하군 그래."

팔면체는 테셀레이션 바닥이 무대인 양 꼭짓점을 돌리며 춤을 췄다. 그때 컴퍼스가 방으로 들어와 소리쳤다.

"이놈들, 내 도형들을 밟지 마라."

컴퍼스는 다면체들을 향해 바늘을 마구 휘둘렀다. 그 바람에 빙글빙글 춤을 추던 팔면체를 찌르고 말았다.

"앗, 이 영감이 어디서 바늘을 휘둘러!"

팔면체가 모서리로 컴퍼스의 한쪽 다리를 세게 쳤다. 컴퍼스의 다리가 부러지더니 컴퍼스가 벌렁 쓰러졌다. 곧이어 육중한 다면체가 컴퍼스 위로 덮치며 다른 쪽 다리도 부러뜨렸다. 컴퍼스의 신음 소리가 다면체의 몸 아래에서 가늘게 새어 나왔다.

"으, 으윽……."

"그만 가자. 여긴 그림들뿐이군."

팔면체가 꼭짓점으로 바닥을 한 번 긁고는 팽그르르 돌며 방을 나갔다. 다른 다면체들도 밑면으로 바닥을 찌익 긁으며 따라 나갔다.

반원과 네모는 셀로판지 아래에서 입체도형들이 밖으로 나가는 소리를 숨죽인 채 듣고 있었다. 입체도형들이 모두 빠져나간 뒤에도 한동안 가만히 있었다. 혹시라도 집 안에 남아 있는 입체도형이 있을까 봐 컴퍼스가 올 때까지 기다렸다. 한참을 기다려도 컴퍼스가 나타

나지 않자 반원이 먼저 속삭였다.

"할아버지는 왜 안 오시지? 혹시 잡혀가신 것 아냐?"

"그럴 리가 없어. 아직 집에 계실 거야."

"왜 이렇게 조용하지? 나가 보자."

반원이 네모에게 속삭이고는 셀로판지 밖으로 호를 빠끔히 내밀었다.

"조심해."

네모도 한 변을 셀로판지 밖으로 내밀었다. 반원과 네모는 셀로판지에서 빠져나와 방을 살펴본 뒤 복도로 나갔다. 몸이 굼뜬 반원보다 네모가 먼저 화려한 테셀레이션 방으로 들어갔다. 방 한가운데에 컴퍼스가 두 다리가 꺾인 채 누워 있었다.

"할아버지, 컴퍼스 할아버지!"

네모가 컴퍼스를 흔들며 소리쳤다. 컴퍼스가 다리를 떨며 힘없이 말했다.

"너희들, 무사했구나."

"할아버지, 어떻게 된 거예요?"

"입체도형들이 도대체 무슨 짓을 한 거예요? 괜찮으세요?"

"어서…… 여길 빠져나가거라."

"할아버지, 움직일 수 있으세요?"

"난 어렵겠어. 어서 가. 조심하고……."

컴퍼스의 부러진 다리가 뚝 떨어졌다.

"앗, 할아버지, 할아버지!"

반원과 네모가 컴퍼스의 몸을 흔들었다. 그러나 컴퍼스는 아무 말이 없었다. 꺾인 다리도 더는 움직이지 않았다. 반원은 온몸의 기운이 빠지며 눈물이 주르륵 흘렀다. 네모가 방 한쪽에 있는 모눈종이를 끌고 왔다. 반원도 네모를 도와 모눈종이로 컴퍼스의 몸을 덮었다.

"흑흑, 할아버지. 저한테 황금 사각형이라고 말씀해 주셔서 감사해요."

"할아버지, 모든 도형은 아름답다고 하신 말씀 잊지 않을게요. 안녕히 계세요."

네모와 반원은 컴퍼스에게 작별 인사를 했다.

입체도형들에게 끌려가다

반원과 네모는 컴퍼스의 집을 나와 다각형 마을 뒤쪽에 있는 흙무지로 향했다. 선들이 모여 사는 곳에 도착했을 무렵, 땅이 쿵쿵거리며 흔들리기 시작했다. 네모가 재빨리 흙무지 위로 반원을 끌어당겼다. 다각형 마을 쪽을 보고 있던 선들이 네모와 반원 쪽으로 방향을 돌렸다. 네모가 눈인사를 하며 선들 뒤로 엉거주춤 숨었다. 선들은 다시 원 마을과 다각형 마을 쪽을 물끄러미 쳐다보았다. 선들에게는

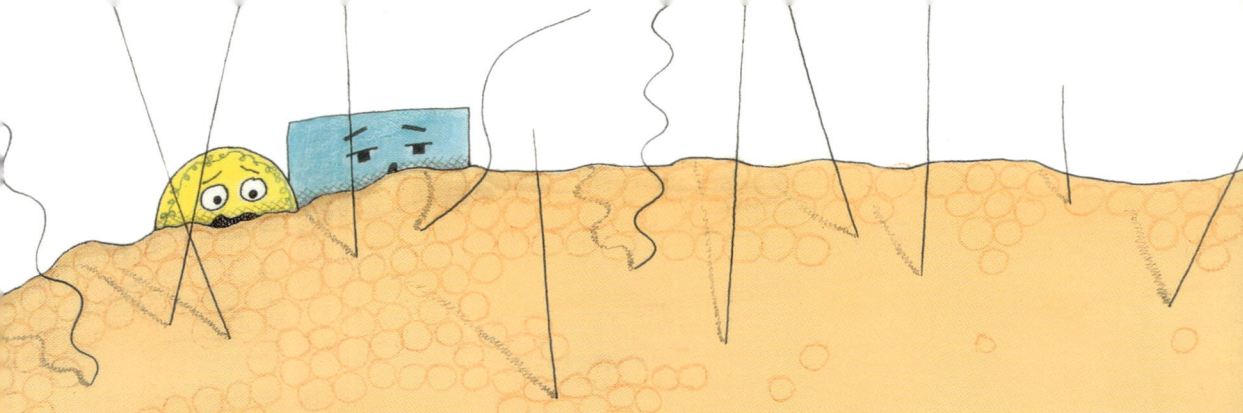

그저 소란스러운 구경거리에 지나지 않는 듯했다.
　입체도형들이 흙무지 앞을 지나가기 시작했다. 반원은 선들 뒤에 숨어서 입체도형들의 행렬을 빠끔히 바라보다가 깜짝 놀랐다.
　"아, 원들이!"
　"쉿!"
　네모가 반원의 입을 재빨리 막았다. 입체도형들이 끌고 가는 수레에 원들이 뒤엉킨 채 실려 있었다. 작은 원들은 큰 원들에 깔려 있었고, 큰 원들의 몸은 수레 밖으로 삐져나와 간신히 실려 있었다. 수레에 끼인 채 끌려가는 원도 보였다. 반원의 귀에 원들의 신음 소리가 들리는 것만 같았다. 반원을 놀리던 원들도 수레에서 떨고 있었다. 네모가 작지만 흥분한 목소리로 말했다.
　"저런 조그만 도형들까지 마구잡이로 끌고 가다니!"
　"우리 엄마 아빠는 어떻게 됐을까? 앗, 저건 바퀴잖아."
　바퀴는 입체도형들이 시키는 대로 수레 한쪽에 박혀 수레를 끌고 있었다. 수레바퀴가 구를 때마다 몹시 힘들어 보였다. 바퀴는 입체 나라로 가는 게 소원이라고 입버릇처럼 말하곤 했는데, 정말 입체 나라로 가고 있었다. 수레를 바라보던 반원이 소스라치게 놀랐다.

"아! 아빠, 아빠야."

원둘레가 너덜너덜해진 채 누워 있는 원이 보였다. 분명히 반원의 아빠, 나이테였다.

"뭐? 너희 아빠라고?"

"응, 우리 아빠야. 많이 다치신 것 같아."

반원이 뛰쳐나가려 하자 네모가 잡았다. 선들도 말없이 반원의 앞을 가로막았다. 오각기둥이 수레에 누워 있는 나이테를 모서리로 치며 말했다.

"이건 뭐야? 다 찢어진 주제에."

우락부락하게 생긴 다면체 하나가 꼭짓점으로 나이테를 수레에서

떼어 내려고 했다. 나이테는 찢어진 호로 수레를 움켜잡고 떨어지지 않으려 애썼다. 반원의 몸이 부르르 떨렸다.

"아, 아빠, 아빠."

반원을 잡고 있는 네모의 변도 떨렸다. 마침내 다면체가 나이테를 떼어 내어 바닥에 내동댕이치며 말했다.

"이거, 왜 이렇게 달라붙는 거야?"

"입체 나라에 무척이나 가고 싶은 모양이지, 히히히."

오각기둥이 바닥에 떨어진 나이테를 모서리로 쿡쿡 찍으며 웃었다. 아빠의 신음 소리는 들리지 않았지만 반원의 입에서 신음 소리가 흘러나왔다.

"으으윽……."

네모가 반원을 꼭 껴안았다.

"흑흑, 우리 아빠 어떡해. 엄마는, 엄마는 어디 계시지? 흑흑."

반원은 네모의 품에서 흐느꼈다. 수레가 지나가자 선들이 흙무지에서 내려와 쓰러져 있는 나이테에게 다가갔다. 눈물을 흘리던 반원도 흙무지를 기어 내려갔다. 네모는 미끄럼틀을 타듯 흙무지를 내려와 주위를 살펴보고는 나이테 앞으로 갔다.

"괜찮으세요?"

나이테의 감긴 눈이 천천히 떠졌다. 나이테는 다가오는 반원을 보고 가늘게 떨며 웃음을 지었다.

"반원아, 무사하구나. 난 네가 잡혀간 줄……."

"아빠, 아빠, 괜찮아요?"

반원이 나이테의 쫓어진 원주를 만지며 흐느꼈다. 나이테는 힘들게 말을 이어 나갔다.

"반원아, 네 엄마가 …… 끌려갔어."

"엄마가요? 어디로요? 입체 나라로요?"

"너 혼자 어떡하니……. 반원아, 동그라미를…….."

온 힘을 다해 말하던 나이테의 몸이 마침내 축 늘어졌다.

"아빠, 아빠!"

반원이 나이테를 흔들며 외쳤지만 나이테는 더 이상 움직이지 않았다. 반원은 온몸의 기운이 쭉 빠졌다. 호도 축 늘어졌다. 옆에 있던 네모가 반원의 호를 감쌌다. 반원은 네모를 뿌리친 채 나이테의 몸 위에 호를 얹고 흐느꼈다.

"아빠, 아빠, 엉엉엉."

그때 갑자기 선들이 반원과 네모를 쿡쿡 찌르고는 흙무지 쪽으로 사라졌다. 땅이 또 쿵쿵 울리기 시작했던 것이다. 네모가 황급히 반원을 등에 업고 흙무지 쪽으로 움직였다.

"앗, 저기 평면도형이다."

어느새 입체도형들이 네모를 보고 다가왔다. 옆면이 사다리꼴 모양인 사각뿔대가 밑면으로 네모를 덮쳤다. 네모의 등에 있던 반원은 숨이 콱 막혔다. 사각뿔대가 밑면을 들며 말했다.

"반토막 난 원이잖아. 이걸 어디다 쓰나?"

뒤따라온 삼각뿔이 꼭짓점으로 반원을 들어 올리며 말했다.

"밑에 직사각형이 있군. 모양이 그럴듯한데?"

"너무 크잖아. 반토막 내서 가져가자."

사각뿔대의 말에 네모의 변이 파르르 떨렸다. 네모의 변을 잡고 있던 반원도 떨리기는 마찬가지였다. 그때 피라미드 모양의 정사각뿔이 뚜벅뚜벅 다가왔다.

"여기서 뭐 해? 흠, 이 직사각형은 꽤 쓸 만한데? 사각뿔대, 어서 들어."

"너무 크지 않아? 잘라 갈까?"

"이대로가 좋겠어. 어서 가져가."

정사각뿔이 재촉하자 사각뿔대가 네모의 변을 잡아서 자신의 윗면에 올려놓았다. 네모의 한 변을 잡고 있던 반원이 대롱대롱 매달렸다. 흙무지에서 지켜보고 있는 선들이 거꾸로 보였다. 짧은 직선 하나가 가늘게 떨고 있었다. 삼각뿔이 반원의 호를 치며 말했다.

"이건 버리지."

"그냥 가져가 봐. 어서 올리지 않고 뭐 해?"

"아니, 이런 반쪽짜리 뭘 뭐하러?"

정사각뿔의 말에 사각뿔대가 투덜거리며 반원도 윗면에 올렸다. 네모와 반원을 윗면에 얹은 사각뿔대가 움직이기 시작했다. 반원은 뒤돌아 나이테가 쓰러져 있는 곳을 보았으나 이미 멀어져 보이지 않았다. 반원이 호를 떨며 흐느꼈다.

"아빠……."

네모가 가만히 반원의 호를 어루만졌다. 반원과 네모는 아래를 내려다보았다. 난생처음 바닥에서 떨어져 아래를 내려다본 것이었다.

입체도형

입체도형은 삼차원의 공간에서 부피를 가지는 도형이다. 다각형 면으로 둘러싸인 입체도형을 '다면체'라고 하며, 면의 개수에 따라 사면체, 오면체, 육면체 등으로 부른다.

1. 두 밑면이 합동이고 옆면이 모두 직사각형인 다면체를 '각기둥'이라고 하며 밑면의 모양에 따라 삼각기둥, 사각기둥, 오각기둥 등으로 부른다.

 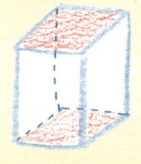 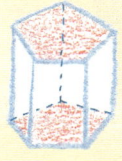

　　삼각기둥　　　　사각기둥　　　　오각기둥

2. 밑면이 다각형이고 옆면이 모두 삼각형인 다면체를 '각뿔'이라고 하며, 밑면의 모양에 따라 삼각뿔, 사각뿔, 오각뿔 등으로 부른다. 각뿔의 꼭짓점에서 밑면에 내린 수선의 길이가 높이가 된다.

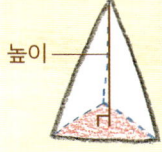 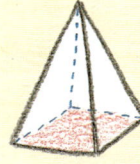 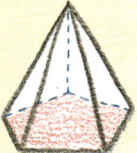

　　삼각뿔　　　　　사각뿔　　　　　오각뿔

3. 각뿔을 밑면에 평행하게 자를 때 각뿔이 아닌 쪽의 다면체를 '각뿔대'라고 한다. 각뿔대도 밑면의 모양에 따라 삼각뿔대, 사각뿔대, 오각뿔대 등으로 부른다.

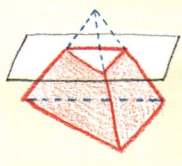 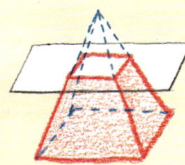 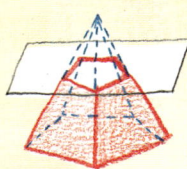

　　삼각뿔대　　　　사각뿔대　　　　오각뿔대

"아, 어지러워."

반원은 까무룩 현기증이 몰려와서 눈을 감았다. 사각뿔대가 빠르게 움직이자 몸이 흔들리면서 더욱 어지러웠다. 얼마 뒤 반원과 네모는 사각뿔대에서 내려져 수레에 실렸다. 수레에는 많은 평면도형들이 잡혀 와 있었다. 수레가 움직이자 반원은 다시 어지러워져 네모의 변을 꽉 잡았다.

모양이 같은 것과 닮은 것

마침내 수레는 평면 나라를 빠져나왔다. 입체도형들은 울타리가 쳐진 곳으로 들어가더니 수레 앞쪽을 들어 평면도형들을 바닥에 쏟아 냈다. 반원은 몸이 뒤집힌 채 땅에 곤두박질쳤다. 반원은 네모의 도움으로 겨우 몸을 바로 가누었다.

"반원아, 괜찮아?"

"응, 그런데 여긴 어디야? 입체 나라야?"

"글쎄, 평면도형을 가둬 놓는 곳 같아. 도대체 우릴 어쩔 셈이지?"

네모가 주위를 둘러보며 대답했다. 울타리 안에는 평면도형들이 기운 없이 쓰러져 있거나 두려움에 떨고 있었다. 반원은 원들이 모여 있는 쪽으로 가서 물었다.

"우리 엄마 못 봤어요? 부채꼴 모양이에요."

원들은 대답은 하지 않고 원주만 살짝 흔들었다. 네모가 반원에게 다가와서 힘없이 말했다.

"이런 곳이 몇 군데 더 있대. 여긴 맨 나중에 끌려온 도형들이 모인 곳이래."

"그래? 그럼 다른 곳도 찾아봐야 하는데……."

반원은 울타리 입구를 보며 말했다. 그때 옆면이 사다리꼴 모양인 오각뿔대가 울타리 안으로 들어왔다. 입구에 서 있던 울퉁불퉁한 다면체가 소리쳤다.

"자, 한 줄로 서, 빨리!"

평면도형들이 주춤주춤 움직였다. 다면체들이 평면도형들을 세차게 몰아 문 앞에 한 줄로 세웠다. 오각뿔대가 평면도형들을 향해 큰 소리로 말했다.

"지금부터 너희들의 치수를 재겠다. 각자 변의 길이와 각의 크기를 재고 난 뒤 다음 지시를 기다려라."

오각뿔대가 맨 앞에 있는 사각형을 보더니 짜증스럽게 말했다.

"제멋대로 생겼군. 네 각과 네 변이 다 다르잖아. 합동은커녕 닮은 것도 찾기 힘들겠어. 이런 것들은 치수를 잴 필요도 없어. 다음!"

오각뿔대가 사각형을 꼭짓점으로 들어 울타리 밖으로 던졌다. 줄 끝에서 이 모습을 보고 있던 반원은 컴퍼스가 보여 준 테셀레이션 작품들이 생각났다. 컴퍼스는 삐뚤빼뚤 못생긴 사각형도 아름답고 멋진 모양으로 만들어 주었다. 반원은 앞에 있는 네모에게 속삭였다.

"치수를 재서 뭘 하려는 거지?"

"글쎄, 합동이거나 닮은 도형을 찾나 봐."

"닮은 도형? 네모야, 너는 할머니랑 닮았어?"

"아니, 안 닮았어. 할머니는 사다리꼴이거든. 돌아가신 엄마 아빠도 사다리꼴이었고."

"그렇구나. 너도 부모님과 안 닮았네."

반원은 엄마를 찾을 수 있을지 걱정이 되었다. 부채꼴 엄마와 반원은 서로 닮지 않았으니 다른 곳으로 끌려갈지도 몰랐다.

각의 크기와 변의 길이를 일일이 재느라 시간이 한참 걸렸다. 오각뿔대가 서두르기 시작했다.

"삼각형과 사각형은 다 데려가자. 나중에 합동이 되도록 맞춰 자르지, 뭐."

치수를 재던 삼각형이 그 말을 듣고 세 꼭짓점을 부들부들 떨었다. 네모는 치수를 재지도 않은 채 다면체에게 급히 끌려 나갔다. 반원의 차례가 되자 오각뿔대의 얼굴이 잔뜩 일그러졌다.

"뭐야, 이건? 누가 반쪽짜리 원을 데려왔어?"

오각뿔대는 화를 벌컥 냈다. 반원과 합동은커녕 닮은 도형도 없을 테니 치수를 재 볼 필요도 없었다. 원 마을에서 반쪽짜리 원은 반원 뿐이니까. 반원을 잠시 쳐다보던 오각뿔대가 기분 나쁘게 웃으며 말했다.

"그래도 찢어진 데는 없군. 쓸데가 있을지도 모르지."

다면체가 재빨리 반원을 울타리 밖으로 끌어내더니 어두침침하고

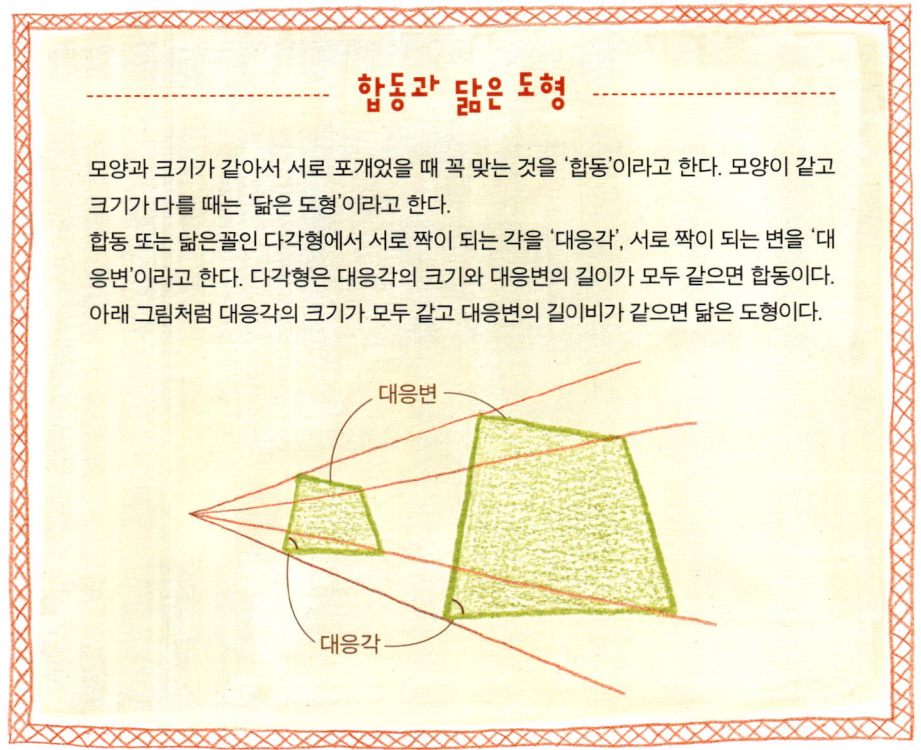

합동과 닮은 도형

모양과 크기가 같아서 서로 포개었을 때 꼭 맞는 것을 '합동'이라고 한다. 모양이 같고 크기가 다를 때는 '닮은 도형'이라고 한다.
합동 또는 닮은꼴인 다각형에서 서로 짝이 되는 각을 '대응각', 서로 짝이 되는 변을 '대응변'이라고 한다. 다각형은 대응각의 크기와 대응변의 길이가 모두 같으면 합동이다. 아래 그림처럼 대응각의 크기가 모두 같고 대응변의 길이비가 같으면 닮은 도형이다.

넓은 방에 내던졌다. 치수를 재고 난 도형들을 모아 둔 방이었다. 어디선가 반원을 부르는 목소리가 들렸다.

"반원아."

"아, 네모야."

방 저쪽에서 네모의 얼굴이 희미하게 보였다. 그런데 갑자기 입구 쪽에서 비명 소리가 들려왔다.

"아앗, 왜 이래요?"

오각기둥이 원 하나를 바닥에 내던졌다. 그 원이 오각기둥에게 대들었다.

"시키는 대로 하면 입체 나라에 들어가게 해 준다고 했잖아요."

"걱정 마라. 잠시 뒤에 지하 문을 통해 입체 나라에 들어가게 될 테니까, 히히."

"뭐라고요? 지하 문은 도형 탑으로 끌려가는 곳이잖아요. 절대 안 돼요."

"입체 나라에서 네가 갈 곳은 거기뿐이지, 히히."

"싫어요. 성문으로 들여보내 주세요."

"시끄러워. 입체 나라 성문은 입체도형만 드나들 수 있어. 감히 너 따위 평면도형이 가는 곳이 아냐."

오각기둥이 원을 밑면으로 밟으며 말했다. 반원은 오각기둥의 밑면에 깔려 버둥거리는 바퀴살 무늬를 보고 깜짝 놀랐다. 오각기둥이 밖으로 나간 뒤, 반원은 바퀴에게 다가갔다.

"바퀴야, 괜찮아?"

바퀴는 반원을 보고 흠칫 놀라더니 원주를 움츠렸다. 반원은 바퀴에게 바짝 붙어서 물었다.

"너, 우리 아빠가 탄 수레 끌었지? 엄마는, 우리 엄마는 못 봤어?"

"으응, 못 봤어."

바퀴는 원주를 오므린 채 반원을 보지도 않고 말했다. 그때 방 안 여기저기에 흩어져 있던 원들이 몰려들기 시작했다. 웅크린 바퀴의 몸이 덜덜 떨렸다.

"바퀴, 네놈이 우릴 끌고 왔지?"

"그래, 바퀴 때문에 우리가 입체도형들에게 잡혀 왔어."

"아니에요, 제가 그런 거 아니에요."

"아니긴 뭐가 아냐? 네놈이 수레를 끌었잖아."

"그래, 맞아. 어린 원들은 네가 직접 수레에 실었으면서."

"입체도형들이 시킨 대로 한 것뿐이에요."

다른 원들이 몰아붙이자 바퀴의 목소리가 기어들어 갔다. 반원이 바퀴에게 물었다.

"정말 바퀴 네가 어린 원들을 직접 수레에 실었단 말이야? 어떻게 그럴 수 있어? 널 따르던 애들이잖아."

"어린 원들이 수레에 못 올라타서…… 입체도형들이 막 짓밟고 때

리니까…… 안 맞게 하려고 수레에 실어 줬단 말이야. 흐흑."

결국 바퀴는 굵은 눈물을 뚝뚝 떨어뜨리며 서럽게 울었다. 바퀴살이 바들바들 떨렸다.

"너희 아빠도 내가 끝까지 부축하려고 했는데……."

바퀴는 입체 나라에 데려가 준다는 말에 입체도형들이 시키는 대로 했을 뿐이었다. 그런데 입체도형들이 원들을 괴롭히고 함부로 다루자 바퀴도 무척 괴로웠다. 하지만 바퀴의 행동은 원들에게 용서받기 힘든 일이었다.

"그나저나 이제 우린 어떻게 되지?"

"정말 도형 탑으로 끌려가나?"

원들의 소란을 지켜보던 다각형들이 말했다. 훌쩍이던 바퀴가 눈물을 닦고 대답했다.

"입체도형들이 하는 이야기를 들었는데요. 평면도형들을 합동인 도형과 닮은 도형으로 나눠서 데려간대요. 도형 탑을 쌓으려고요."

바퀴의 말에 평면도형들이 서로 부둥켜안으며 절망했다. 반원은 높은 탑에 매달려 있을 생각을 하니 갑자기 어지러워졌다.

지하 감옥 빠져나오기

입체도형들이 평면도형을 모아 놓은 방으로 들어왔다. 맨 앞에 선 오각뿔이 평면도형들을 향해 큰 소리로 말했다.

"이제 너희들은 입체 나라로 들어간다. 배치를 받으면 질서를 지켜 출발한다."

여러 가지 모양의 면이 아무렇게나 붙어 있는 다면체들이 평면도형을 하나씩 끌고 갔다. 반원은 사라지는 평면도형들을 바라보며 호를 떨었다. 마침내 네모도 다면체에 끌려 한쪽으로 사라졌고, 반원은 그 반대편으로 끌려갔다.

"어어, 네모야!"

반원은 곧바로 지하 깊은 방으로 끌려 내려갔다. 그곳에는 바퀴를 비롯해 먼저 들어온 평면도형들이 꽤 있었다. 대부분 모양이 삐뚤빼뚤한 볼품없는 다각형이었다. 반원은 더욱 불안해졌다.

"여긴 어디야? 도대체 우릴 어쩌려는 거지?"

반원이 묻자 바퀴가 두려움에 떨며 대답했다.

"우리가 필요 없으니까 없애려는 거야."

"우릴 없앤다고? 어떻게?"

"아마 제단에 바칠 거야. 입체 나라의 제단 위에서 불태운다고 들었어."

"뭐? 우릴 태운다고?"

반원은 호와 지름이 떨리며 온몸에 소름이 끼쳤다. 바퀴가 굳은 표정으로 말했다.

"여기서 빠져나가야 해. 안 그러면 죽어."

그때 한쪽 구석에 쓰러져 있던 직각삼각형이 힘없이 말했다.

"소용없어. 여긴 지하 감옥이야. 절대 못 빠져나가."

"뭐라고? 왜?"

바퀴가 따져 묻자 옆에 있던 다른 다각형이 말했다.

"얘도 몇 번이나 탈출했는데 다시 잡혀 왔어. 매만 맞았지."

"여길 나가면 온통 미로야. 길이 너무 많아. 나도 길을 잃고 헤매다가 결국 잡혔어."

직각삼각형이 띄엄띄엄 말했다. 반원은 어디선가 많이 들어 본 목소리라고 생각했다. 직각삼각형은 반원을 보더니 쓸쓸한 웃음을 지었다.

"너도 반쪽이라서 여기로 왔구나. 나 몰라?"

"응? 너는…… 혹시 뾰족이?"

반원은 그제야 뾰족이를 알아보았다. 하지만 뾰족이는 원래 이등변삼각형이지 않았던가. 반원은 뾰족이의 몸을 훑어보며 물었다.

"어떻게 된 거야?"

"으응, 입체도형들이 내 몸을 반토막 내고 말았어. 한쪽은 시퍼렇게 변해서 죽어 버렸고, 나머지 한쪽만 겨우 살아남았지."

"어떻게 그런 끔찍한 일을……."

"이제 나도 너처럼 반쪽이 되어 버렸어."

뾰족이가 빗변을 축 늘어뜨리며 말했다. 모두가 부러워하던 뾰족이가 이렇게 되다니 반원은 믿기지 않았다. 몸을 반쪽이나 잃었으니 반원보다 더 가엾은 처지가 된 것이다. 바퀴가 바퀴살이 불끈 일어날 정도로 흥분해서 말했다.

"입체도형들이 이렇게 잔인한 줄 몰랐어. 어떻게든 여길 꼭 빠져나가야 해."

"어떻게? 뾰족이처럼 미로 속을 헤매다가 결국 붙잡힐 텐데."

"일단 나가 보는 거야. 불에 타 죽지 않으려면 그 수밖에 없어."

바퀴는 컴컴한 방을 이리저리 초조하게 움직이더니 출구 쪽으로 갔다. 출구 앞에서 바퀴가 반원을 쳐다보았다. 반원이 다른 평면도형들을 돌아보며 말했다.

"이대로 죽을 순 없어. 할 수 있는 데까지 해 봐야지."

"그래, 기회는 지금뿐이야. 입체도형들이 곧 우릴 끌고 갈 거야."

길쭉한 사각형이 맞장구치자 다른 다각형들도 따라나섰다. 그러자 뾰족이가 몸을 일으키며 말했다.

"왔던 길로는 가지 마. 입체도형들이 있으니까. 나도 같이 갈게."

출구를 나가던 바퀴가 잠시 멈칫하더니 뾰족이에게 다가왔다.

"나한테 업혀. 그게 좋겠어."

"고마워. 정말 고마워."

뾰족이가 바퀴의 등에 업혔다. 지하 방의 출구에는 문이 없고 낮은 턱만 있었다. 하지만 평면도형들에게는 그것도 넘기가 쉽지 않았다. 서로 잡아 주고 부축하여 문턱을 겨우 넘어 방을 무사히 빠져나왔다. 방 앞에는 통로가 세 갈래로 나 있었다. 뾰족이가 꼭짓점으로 오른쪽 통로를 가리켰다.

"오른쪽으로 가. 왼쪽 길은 막다른 곳이야."

바퀴를 따라가던 반원이 점점 뒤처졌다. 타원은 지름에 단단히 힘을 주고 바퀴처럼 몸을 힘껏 세워 보았다. 그러자 평면 나라와는 달리 몸이 거뜬히 세워졌다. 지름의 한쪽을 드니 호가 굴러갔다. 반원은 양쪽 지름 끝에 번갈아 힘을 주며 앞으로 나아갔다. 비록 반쪽 원주에 불과한 호이지만 미끄러지듯 잘 굴렀다. 이런 방법이 있을 줄이야. 평면 나라에서는 바닥에 자석을 붙여 놓은 것처럼 평면에서 몸을 떼기 힘들었는데, 이곳에서는 몸을 가볍게 세울 수 있었다.

통로를 조금 지나자 또다시 여러 갈래의 길이 나왔다. 바퀴에게 업힌 뾰족이가 통로를 가리키며 말했다.

"이쪽 길로 가면 입체도형들이 있는 방이 나와. 다른 길은 안 가 봤는데, 어느 쪽으로 가지?"

"글쎄, 어느 길로 가지?"

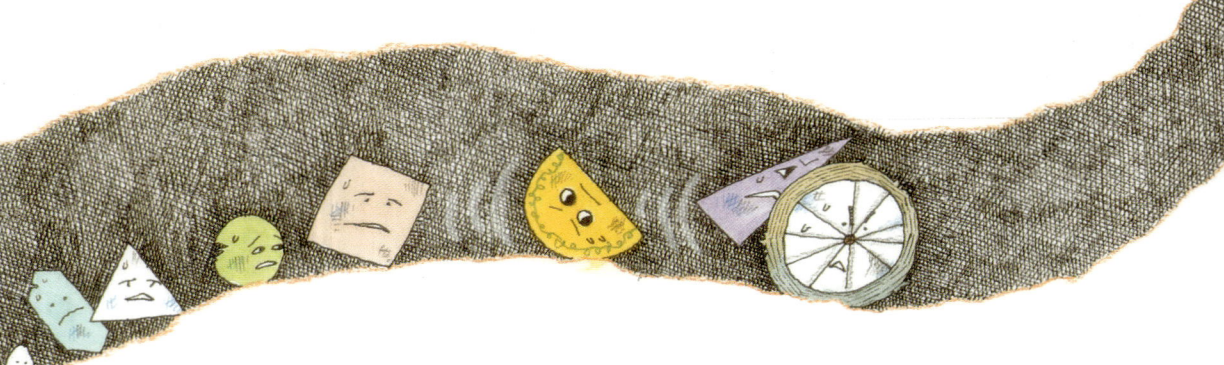

"잘 모를 땐 한쪽 방향으로 계속 가. 우리가 오른쪽 길로 왔지?"

반원이 눈을 껌벅이며 말했다. 예전에 나이테 아빠가 가르쳐 준 방법이었다.

"그럼 오른쪽으로 가? 그래, 왠지 오른쪽이 끌린다."

바퀴가 재빨리 오른쪽 통로로 들어갔다. 반원과 다른 도형들도 바퀴 뒤를 따랐다. 갈림길이 나올 때마다 바퀴는 반원의 말대로 오른쪽 벽을 따라 계속 갔다. 갑자기 지하 통로가 쿵쿵 울렸다.

"입체도형들이야. 모두 숨어."

바퀴가 뒤를 돌아보며 알린 뒤, 재빨리 벽에 몸을 붙였다. 희미한 통로 벽에는 불빛이 전혀 비치지 않아 바퀴는 캄캄한 어둠 속에 완전히 묻혔다. 바퀴의 목소리만 나지막하게 들렸다.

"어서 벽에 몸을 붙이고 숨어."

반원은 지름에 온 힘을 주고 재빨리 벽에 몸을 기댔다. 몸을 세우고 온 덕분에 쉽게 벽에 몸을 붙일 수 있었다. 하지만 다각형들은 뾰족한 모서리 때문에 몸을 부드럽게 움직일 수 없었다. 다각형들의 모서리가 벽과 바닥에 부딪쳐 자꾸 덜거덕거렸다. 그때 입체도형들이 나타났다.

"평면도형들이 도망친다. 어서 잡아라!"

반원은 캄캄한 벽에 몸을 붙인 채 다른 평면도형들이 끌려가는 광경을 눈앞에서 지켜봤다. 숨이 멎을 것 같았다. 반원과 바퀴, 뾰족이만 무사했다. 입체도형들이 사라지자 셋은 다시 오른쪽 벽을 따라 통로를 빠져나갔다. 갈수록 오르막이어서 반원은 힘겹게 바퀴를 따라갔다. 통로가 점점 밝아지더니 위에서 밝은 빛이 새어 들어왔다. 뾰족이가 바퀴의 등에서 환히 웃으며 말했다.

"밖으로 향하는 출구야. 드디어 출구가 나왔어."

"잠깐 여기에 있어 봐. 내가 먼저 올라가서 밖을 살펴볼게."

바퀴는 뾰족이를 내려놓고 출구 밖으로 몸을 약간 내밀었다. 반원과 뾰족이는 떨리는 마음으로 바퀴를 올려다보았다. 바퀴가 아래를 향해 원주를 흔들었다.

"어서 올라와. 아무도 없어."

반원이 뾰족이를 부축해서 출구 밖으로 나오자, 갑자기 커다란 수레가 덜거덕 소리를 내며 다가오더니 반원 앞에 멈춰 섰다. 반원은 깜짝 놀라서 숨을 생각도 못 하고 온몸이 굳어 버렸다. 반원보다 더 놀란 것은 바퀴였는데, 하마터면 수레에 깔릴 뻔했기 때문이다. 바퀴는 재빨리 수레 한쪽에 몸을 붙이고 반원에게 손짓했다. 반원이 뾰족이를 잡고 슬금슬금 바퀴에게 갔다. 바퀴가 속삭였다.

"반원아, 나한테 붙어. 뾰족이는 수레 위에 타는 게 좋겠어."

바퀴의 원주에 맞추어 반원이 호를 갖다 대자 반원과 바퀴는 감쪽같이 수레바퀴로 보였다. 뾰족이는 바퀴와 반원을 딛고 가까스로 수레 위에 올라탔다. 잠시 후 다면체들이 수레로 다가왔다. 다면체들은 천천히 수레를 끌기 시작했다. 반원의 몸이 수레바퀴를 따라 위아래로 빙글빙글 돌았다. 하늘과 땅이 번갈아 보였다. 약간 어지러웠지만 공간 속을 움직이는 것이 상쾌했다. 평면 나라를 빠져나올 때 수레를 탔던 느낌과는 달랐다. 반원은 호를 팔랑팔랑 움직여 보았다. 바퀴가 말했다.

"입체 나라에서는 움직이는 게 확실히 다르지?"

"응, 몸이 자유롭게 움직여."

반원은 아래를 내려다보고 위도 올려다보았다. 평면 나라에서는 언제나 바닥에 납작 붙어서 지평선만 바라보았다. 그런데 입체 나라는 하늘과 땅이 분리되어 그 사이에 커다란 공간이 있었다. 공간 속에 물체들이 서 있고 도형들이 움직였다. 반원은 바퀴의 몸에서 떨어져 나와 수레에 슬쩍 몸을 실었다. 수레 위에서 몸을 위아래로, 좌우로 움직여 보았다. 몸이 자유롭게 움직여져서 마치 누군가가 요술을 부리는 것만 같았다. 입체 나라는 평면 나라와는 분명히 다른 세계였다. 반원은 두려우면서도 왠지 가슴이 두근거렸다.

무시무시한 입체 나라

부피가 두 배인 제단

　입체 나라의 중심지인 다면체 성을 가리키는 이정표가 나오자 입체도형도 점점 많아졌다. 울퉁불퉁한 다면체보다는 반듯하고 잘생긴 다면체가 많았고, 같은 면으로만 된 다면체도 볼 수 있었다. 다면체 성 앞에는 맑은 시냇물이 흐르고 있었다. 수레가 다리를 건너자 반원과 뾰족이는 흐르는 냇물을 내려다보며 아찔해서 몸을 떨었다. 다리 끝에는 커다란 육각 돌기둥이 양쪽에 서 있었다. 반원은 이곳이 입체 나라로 들어가는 성문이라는 것을 금방 알아차렸다. 바퀴가 늘어놓던 입체 나라 모험담에 늘 나오는 곳이었기 때문이다.

　사각기둥들이 성문을 통과하는 도형들을 일일이 감시하고 있었다. 수레가 성문을 지날 때 반원과 뾰족이와 바퀴는 수레에 바짝 달라붙었다. 온몸에 소름이 돋고 식은땀이 흘렀다. 성문을 무사히 통과한 수레는 입체도형들이 북적거리는 광장을 지났다. 반원이 바퀴에게 속삭였다.

"어떻게 해? 계속 갈 거야?"

"글쎄, 지금 수레에서 떨어지면 위험할 것 같아."

잠시 후 수레는 높은 담벼락 안쪽으로 들어갔다. 큼지막한 각기둥들이 서 있는 게 보였다. 바퀴가 재빨리 말했다.

"지금 내리는 게 좋겠다. 들키겠어."

반원이 바퀴를 딛고 수레에서 뛰어내렸고, 뾰족이도 바퀴의 도움으로 내려왔다. 세 평면도형은 담 쪽으로 기어가서 바닥에 납작 엎드렸다. 뾰족이가 수레가 멈춘 곳을 가리켰다.

"저게 뭐지?"

맞은편에 거대한 정육면체가 보였다. 바퀴가 대답했다.

"입체 나라의 제단일 거야. 아주 큰 정육면체 모양이라는 말을 들었거든."

"그럼 저 제단에서 평면도형들을 불태우는 거야?"

뾰족이가 빗변을 떨었다. 반원도 지름을 떨며 말했다.

"지하에서 겨우 빠져나와 도망친 곳이 제단이라니. 어떡하지?"

반원이 지름을 살금살금 끌며 앞으로 나가더니 호를 흔들었다.

"저 안에 뭐가 있나 봐."

무시무시한 입체 나라 ● 77

정육면체 제단 옆에 흰색 장막이 쳐 있었다. 사각기둥들이 장막 안에서 무언가를 들고 나와 수레에 실었다. 뾰족이가 뒤에서 속삭였다.

"평면도형들 같아."

"안 움직여. 죽었나 봐."

장막을 바라보던 반원이 말했다.

"저 안에 평면도형들이 있는 것 같지? 가 보자."

"안 돼, 붙잡히면 죽는단 말이야."

뾰족이가 꼭짓점을 휘저으며 말렸고 바퀴도 원주를 저었다.

"입체도형들이 저렇게 많이 지키고 있잖아."

반원은 대답 없이 장막 쪽만 바라보았다.

"여길 빠져나가야 해. 어떻게 하지?"

뾰족이가 초조해하자 바퀴가 말했다.

"우선 여기에 숨어 있다가 기회를 보자. 좀 있으면 해가 져서 어두워질 거야."

"그게 좋겠어."

바퀴와 뾰족이가 바닥에 엎드렸다. 반원은 여전히 호를 살짝 세워 앞을 지켜보았다.

"그런데 제단은 왜 저렇게 클까? 너무 높아서 올라가기도 힘들겠다."

뾰족이가 중얼거렸다. 바퀴는 피곤한지 약간 가라앉은 목소리로 말했다.

"입체 나라에는 오래 전부터 전해 오는 전설이 있어."

"전설?"

"부피가 지금 제단의 두 배인 제단을 만들면 입체도형들의 소원이 이루어진다는 거야."

"부피가 두 배인 제단?"

뾰족이는 바퀴의 이야기에 빠져들었다. 바퀴는 예전에 원 마을에서 그랬던 것처럼 입체 나라 이야기를 신명 나게 풀어놓았다.

"입체도형들은 새 제단을 만들고 제사를 지내면서 모든 도형을 지

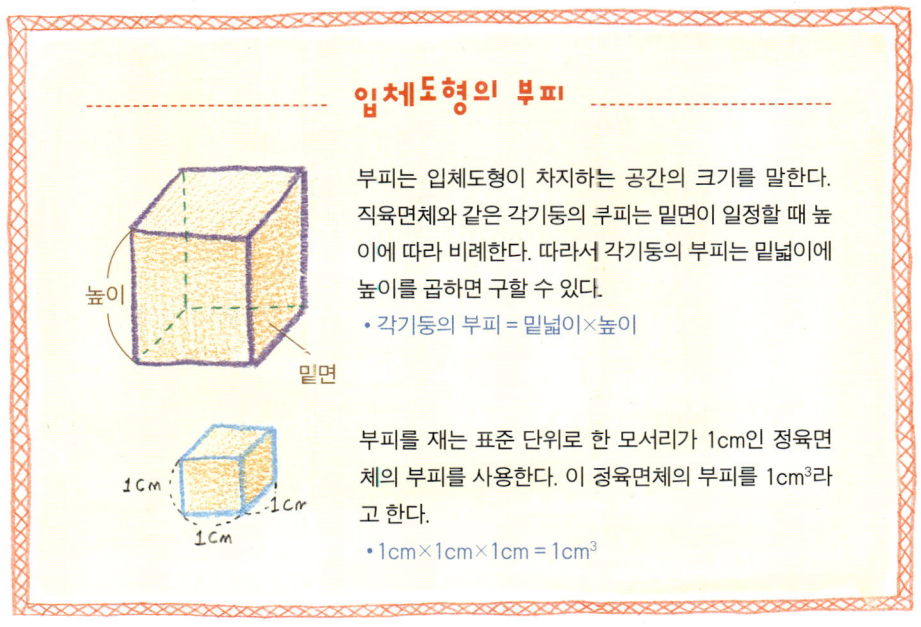

입체도형의 부피

부피는 입체도형이 차지하는 공간의 크기를 말한다. 직육면체와 같은 각기둥의 부피는 밑면이 일정할 때 높이에 따라 비례한다. 따라서 각기둥의 부피는 밑넓이에 높이를 곱하면 구할 수 있다.

- 각기둥의 부피 = 밑넓이 × 높이

부피를 재는 표준 단위로 한 모서리가 1cm인 정육면체의 부피를 사용한다. 이 정육면체의 부피를 $1cm^3$라고 한다.

- $1cm \times 1cm \times 1cm = 1cm^3$

배하게 해 달라고 빌었지."

"그래서 입체도형들의 소원이 이루어졌어?"

"아니."

바퀴는 원주를 살짝 흔들었다.

"왜?"

뾰족이가 궁금하다는 듯 꼭짓점을 팔랑거렸다.

"부피가 두 배인 제단을 만들면 된다면서?"

바퀴의 이야기를 잠자코 듣고 있던 반원도 물었다. 바퀴가 지름을 한 번 으쓱하고 말했다.

"문제는 바로 그거야. 그런 제단을 만들지 못했거든."

"왜? 길이를 두 배 늘이면 되잖아."

"그러게. 쉬운데 왜 못 만들었어?"

"부피가 두 배인 제단은 결코 만들 수 없으니까."

바퀴가 반원과 뾰족이를 번갈아 보며 단호하게 말했다.

"아니, 왜? 가로, 세로, 높이를 두 배씩 늘이면 되잖아."

뾰족이가 꼭짓점을 갸우뚱했다. 바퀴가 또 지름을 으쓱하며 설명했다.

"물론 입체도형들도 당연히 그렇게 생각하고 만들었지. 하지만 가로, 세로, 높이를 두 배씩 늘이면 부피는 여덟 배가 되거든."

"아하, 그렇구나……."

 2배 × 2배 × 2배 = 8배

뾰족이가 이해했다는 듯 대답했지만 반원은 선뜻 이해되지 않았다. 사실 부피라는 것은 입체도형에게나 있지, 평면도형과는 상관없는 이야기니까. 바퀴는 이야기를 계속했다.

"어쨌든 부피가 두 배인 제단을 만드는 건 실패했지. 저 거대한 제단이 바로 여덟 배로 늘어난 제단 같아. 이제 이 문제는 입체 나라에서 영원히 풀지 못할 거라는 소문이 나돌아 그 대신 도형 탑을 쌓아 자신들이 도형의 지배자라는 것을 과시하려는 거지."

바퀴의 이야기를 들으며 앞을 살피던 반원이 갑자기 소리쳤다.

"잠깐, 저길 봐."

사각기둥들이 흰 장막을 걷고 있었다. 세 평면도형은 장막이 걷히는 모습을 지켜보다가 깜짝 놀랐다. 거대한 탑이 모습을 드러내고 있었다. 제단과 같은 모양의 정육면체를 삼 층으로 쌓아 만든 탑이었다. 반원이 호를 세차게 흔들며 말했다.

"저게, 저게 혹시 도형 탑 아냐?"

"저 탑에 우리 평면도형들이 있는 거지?"

뾰족이가 슬픈 목소리로 말했다. 반원은 바닥을 굼틀굼틀 기며 앞으로 움직였다. 바퀴가 반원의 호를 잡고 조그맣게 소리쳤다.

"반원아, 어딜 가? 위험해."

"한번 가 보자. 평면도형들이 저기에 있잖아."

"입체도형들이 지키고 있어. 도대체 어쩌려고 그래?"

"우리 엄마가 있을지도 몰라."

반원이 바퀴를 뿌리치며 말했다. 뾰족이가 반원에게 기어 와서 반원의 지름을 잡고 말했다.

"안 돼, 잡힐 거야. 입체도형들이 더 많아졌어."

"싫어. 엄마를 찾아야 해."

반원이 지름을 흔들며 뿌리쳤다. 뾰족이가 울먹이며 말했다.

"내 동생들도 저곳에 있을 텐데……. 흑흑."

"어쩔 수 없어. 지금 움직이면 잡혀. 이따 가 보자."

바퀴가 침울하게 말했다. 반원은 엄마가 탑 어딘가에 매달려 있을 것만 같았다. 원 마을 아이들과 네모도 생각났다. 뾰족이가 탑을 가리키며 울먹거렸다.

"저렇게 높이 매달려 있다니, 너무 무섭겠다."

"그러게, 어지러울 텐데……. 엄마……."

"어린 도형들은 얼마나 무서울까?"

반원과 뾰족이는 도형 탑을 올려다보며 중얼거렸다. 바퀴도 안타까운 마음으로 탑을 바라보았다.

다섯 정다면체

도형 탑을 그저 멍하니 바라보던 반원의 눈이 휘둥그레졌다. 수십 개의 입체도형이 도형 탑으로 가고 있었다. 정다각형으로만 이루어

진 입체도형들이 앞장섰고, 그 뒤를 각뿔과 각기둥 들이 따랐다. 뾰족이가 조그만 목소리로 감탄했다.

"이야, 멋있다."

"저길 봐. 앞쪽 도형들은 모두 같은 면으로만 되어 있어."

반원도 눈을 떼지 못하고 쳐다보았다. 뾰족이가 아는 체했다.

"저런 걸 정다면체라고 하지?"

"맞아. 모든 면이 같은 정다각형으로 이루어진 입체도형이 바로 정다면체지."

"저 도형은 사각뿔 두 개를 위아래로 붙였네. 꼭 다이아몬드처럼 생겼다. 면이 여덟 개니까 정팔면체구나."

뾰족이가 꼭짓점을 흔들며 말했다. 반원이 맨 오른쪽 정다면체를 가리켰다.

"와아, 저건 삼각형이 엄청 많아."

"몇 개인지 세어 볼까? 하나, 둘, 셋……."

뾰족이가 삼각형의 개수를 세고 있는데 바퀴가 말했다.

"모두 스무 개일 거야. 정이십면체."

"정이십면체?"

"응, 정다면체 중에서 면이 가장 많은 것이 정이십면체거든. 그런데 정다면체는 다섯 개밖에 없대."

"다섯 개? 첫 번째 도형은 면이 네 개니까 정사면체, 그 옆은 정육면체, 그다음 다이아몬드 모양은 정팔면체, 그리고 면이 가장 많은 정이십면체."

뾰족이가 하나씩 가리키며 말하자 반원이 지름을 갸우뚱했다.

"네 개뿐인데?"

뾰족이도 꼭짓점을 갸우뚱했다. 바퀴가 말했다.

"정십이면체가 안 보이네."

"그래? 정십이면체는 어떻게 생겼을까?"

"우리 같은 평면도형들이 상상조차 할 수 있겠니?"

반원이 궁금해하자 뾰족이가 투덜거렸다.

"정십이면체는 정오각형으로 이루어졌대. 정오각형이 모두 열두 개. 나도 본 적은 없어."

"정오각형이라고? 다른 정다면체는 정삼각형이나 정사각형으로 되어 있는데. 어떻게 생겼을지 상상이 안 돼."

정다면체는 왜 다섯 가지뿐일까?

모든 면이 서로 합동인 정다각형으로 되어 있고, 각 꼭짓점에 모이는 면의 수가 모두 같은 다면체를 '정다면체'라고 한다. 정다면체는 정사면체, 정육면체, 정팔면체, 정십이면체, 정이십면체로 모두 다섯 개뿐이다. 왜 그럴까?

입체도형이 되려면 한 꼭짓점에 모이는 면의 개수가 세 개 이상이어야 하고, 한 꼭짓점에 모인 내각의 합이 360°보다 작아야 된다. 내각의 합이 360°면 평면이 되고, 360°보다 크면 오목한 다면체가 되기 때문이다.

먼저 정삼각형부터 한 꼭짓점에 모아서 붙여 보자. 정삼각형을 한 꼭짓점에 세 개 모으면 정사면체, 네 개 모으면 정팔면체, 다섯 개 모으면 정이십면체를 만들 수 있다. 여섯 개를 모으면 360°가 되므로 입체도형이 될 수 없다.

또 정사각형을 한 꼭짓점에 세 개 모으면 정육면체가 된다. 하지만 정사각형을 네 개 모으면 360°가 되어 입체도형이 될 수 없다. 다음으로 정오각형을 세 개 붙이면 정십이면체를 만들 수 있지만, 네 개를 붙이면 360°가 넘으므로 정다면체가 될 수 없다. 그리고 정육각형 세 개를 붙이면 360°가 되므로 입체도형을 만들 수 없다.

즉 정다면체는 정삼각형으로 만든 정사면체, 정팔면체, 정이십면체와 정사각형으로 만든 정육면체, 정오각형으로 만든 정십이면체, 이렇게 다섯 가지뿐이다.

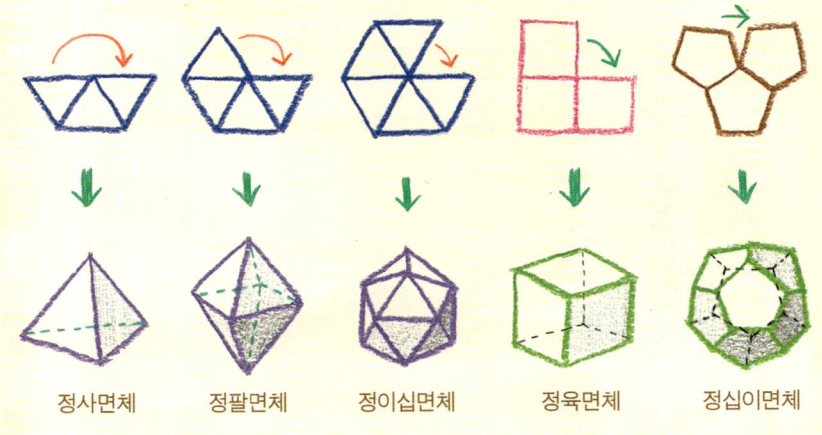

정사면체   정팔면체   정이십면체   정육면체   정십이면체

"굉장하다. 저렇게 아름다운 도형들이 왜 우리 평면도형들을 괴롭힐까?"

뾰족이가 중얼거렸다. 반원이 입체도형들에게서 눈을 떼지 않고 말했다.

"정다면체들이 탑을 둘러보고 있는데?"

다이아몬드 모양의 정팔면체가 몸을 팽그르르 돌려 탑 앞을 이리저리 오갔다. 정이십면체는 탑 주위를 데굴데굴 구르며 시끄럽게 떠들고 있었다. 탑 뒤로 하늘이 붉게 물들기 시작했다. 노을빛을 받으며 서 있는 도형 탑은 몹시 아름다워 보였다. 바퀴가 앞으로 나서며 말했다.

"뭐라고 말하는지 여기선 잘 안 들려. 내가 먼저 가 볼 테니 너희는 여기에 있어."

뾰족이가 바퀴를 말리려는데, 바퀴는 이미 몸을 세운 채 담에 붙어 가고 있었다. 담 너머 하늘이 점점 어두워졌다. 바퀴의 모습도 으스름한 땅거미에 묻혔다.

"나도 가 볼래."

반원이 호를 움직이며 말했다. 뾰족이가 반원의 호를 잡고 말렸다.

"안 돼! 위험해. 기껏 빠져나왔는데 다시 잡히겠다는 거야? 너희들 왜 그래?"

"좀 어두워졌으니까 괜찮을 거야."

반원은 뾰족이를 뿌리치고 앞으로 나갔다. 뾰족이가 뒤에서 낮게 소리쳤다.

"빨리 돌아와. 바퀴한테도 그만 오라고 해. 어서 여길 나가야 한단 말이야."

도형 탑을 둘러보던 정다면체들이 밖으로 나가기 시작했다. 흰 장막이 다시 도형 탑 위로 드리워졌다. 탑 꼭대기에 매달린 도형들의 모습이 어렴풋이 보였다. 작고 어린 원들이었다. 반원이 안타깝게 중얼거렸다.

"아, 얼마나 무서울까?"

육각기둥과 사각기둥 몇이 남아 제단과 탑 주위에 불을 밝히고 있었다. 바퀴가 뒤따라온 반원에게 속삭였다.

"며칠 뒤에 제사를 지낼 거래. 지하에 잡혀 있는 도형들을 태울 건가 봐."

"뭐? 그럼 도형 탑에 있는 도형들은?"

"계속 매달아 둘 것 같아."

"저렇게 매달려 있다간 다 죽고 말 거야. 바퀴야, 저 안에 입체도형들은 없어?"

"응, 다 나가고 없는 것 같아."

"그럼 장막 안으로 들어가도 되겠다."

"뭐? 각기둥들이 저렇게 지키고 있잖아."

"뒤로 돌아가면 괜찮을 것 같아. 장막 밑으로 틈이 있으니까 들어갈 수 있을 거야."

반원이 자신 있게 말했다. 그리고 바퀴의 대답도 듣기 전에 탑 뒤쪽으로 움직였다. 바퀴가 따라오며 말했다.

"반원아, 조심해. 담 쪽에 붙어서 가자."

반원은 바퀴의 말대로 담 쪽에 붙어서 움직이며 탑 뒤쪽으로 갔다. 담 아래는 캄캄했기 때문에 재빨리 움직일 수 있었다.

평면도형들의 탈출

도형 탑 뒤쪽에서 주위를 살피던 반원은 깜짝 놀랐다. 장막 밑에서 파란 평면도형이 꾸물꾸물 나오고 있었다. 그 뒤를 따라 한 무리의 평면도형이 더 나왔다. 사각형과 삼각형 들이었다. 탑 주위에 밝혀 둔 불빛에 그들의 모습이 훤히 드러났다. 반원과 바퀴는 조마조마한 마음으로 지켜보다가 조심스레 다가갔다. 맨 먼저 나온 파란 평면도형을 보고 반원은 한달음에 가서 그 도형의 변을 덥석 잡았다. 바로 네모였다.

"네모야!"

"어? 반원아, 걱정했는데 무사했구나!"

"지금 도형 탑에서 탈출한 거야?"

"응, 우리만 겨우 빠져나왔어. 탑에서 뛰어내려 도망쳤어."

"정말 잘했어. 근데 원들은 못 빠져나왔어?"

"사각형과 삼각형은 탑 아래에 있었지만, 원들은 모두 위쪽에 있어서 빠져나오기 힘들 거야."

네모의 말이 끝나기도 전에 반원이 장막 안으로 들어갔다. 바퀴도 따라 들어갔다. 불이 환하게 밝혀진 장막 안에는 수많은 평면도형이 탑에 매달려 있었다. 변의 수가 작은 삼각형과 사각형이 아래쪽에 있었고, 중간에는 오각형, 육각형, 팔각형처럼 변이 많은 다각형들이 있었다. 위쪽에는 원들이 있었는데 가장 높은 곳에 작은 원들이 매달려 있었다. 꼭대기를 쳐다보던 바퀴가 고개를 떨어뜨리고 눈물을 주룩 흘렸다. 반원은 위에 매달린 원들을 하나하나 살펴보았다.

"엄마…… 어디 있어요?"

부채꼴 엄마는 보이지 않았다. 그때 갑자기 반원 앞에 원 하나가 툭 떨어졌다. 떨어질 때 충격으로 의식을 잃은 듯 꼼짝하지 않고 바닥에 누워 있었다. 낯익은 꽃무늬였다. 반원이 소리쳤다.

"동글아, 동글아!"

원의 둘레가 짓무르긴 했어도 분홍색 꽃무늬가 그대로 남아 있었다. 바퀴가 동글이를 업고 장막 밖으로 나갔다. 반원도 탑 꼭대기를 다시 한 번 올려다보고 밖으로 나왔다. 탑에서 좀 떨어진 어두운 계단 아래에 탈출한 평면도형들이 모여 있었다. 바퀴와 반원은 계단 밑

에 동글이를 눕혔다. 동글이가 중심을 가늘게 떨면서 눈을 떴다.

"정신이 들어? 나 알아보겠어? 반원이야."

"으응, 반원이구나. 너 보고 두 눈 딱 감고 뛰어내렸어. 여긴 어디야? 내가 탑에서 빠져나온 거야?"

"그래, 탑에서 탈출했어. 정말 잘했어."

동글이가 갑자기 온주를 바들바들 떨며 바퀴를 쏘아보았다.

"너, 너, 바퀴 아냐? 또 무슨 짓을 하려고!"

"그러지 마. 바퀴가 널 업고 빠져나왔어."

"흥, 원들을 입체도형들에게 넘길 땐 언제고……."

동글이의 말에 바퀴는 슬그머니 자리를 피했다. 반원이 동글이에게 물었다.

"혹시 우리 엄마 못 봤어?"

"못 봤는데? 탑에는 안 계셔."

"그럼 어디에 계시지? 입체도형들에게 끌려갔다는데."

"탑에 오기 전에 탈출한 평면도형도 있다고 하던데……."

"그럼 우리 엄마도 탈출한 걸까? 여길 탈출해서 어디로 갔는데?"

"그건 몰라. 감쪽같이 사라졌대. 입체도형들이 샅샅이 수색했는데도 못 찾았나 봐."

"얘들아, 얘들아, 비, 비밀 장소가 있대! 헉헉."

바퀴가 빙그르르 굴러 와서 작은 원 둘을 내려놓고 가쁜 숨을 몰아쉬었다. 그러고 보니 어느새 주위에 작은 원들이 여럿 와 있었다. 반원이 동글이와 이야기하는 동안 바퀴가 탑에서 원들을 데려온 것이다. 자신이 수레에 실었던 작은 원들이었다.

"비밀 장소? 그곳이 어디야?"

"그것까진 모르겠어. 말 그대로 비밀이니까."

바퀴는 몸을 가뿐히 세워 빠르게 회전하며 다시 탑으로 갔다. 어느새 두께가 조금 생겨서 진짜 바퀴처럼 보였다. 주위를 살피러 나갔던 네모가 급히 돌아왔다.

"빨리 여길 나가야 해. 평면도형들이 없어진 걸 입체도형들이 알아차려서……."

갑자기 탑 쪽에서 소란스러운 소리가 들려와 네모가 말을 멈췄다. 반원이 놀라서 소리쳤다.

"앗, 바퀴야. 바퀴가 잡혔어."

바퀴가 입체도형들에게 끌려가고 있었다. 반원은 다시 비명을 지르며 눈을 가렸다.

"아앗!"

입체도형들이 바퀴의 몸을 마구 찢었다. 이 끔찍한 광경에 동글이는 아무 말도 못 하고 눈물을 떨어뜨렸다. 평면도형들은 모두 꼭짓점을 동동 구르며 울음을 삼켰다. 바퀴는 바퀴살 무늬가 너덜너덜해지도록 갈기갈기 찢겼다. 그리고 중심에 큰 구멍이 뚫린 채 높다란 장대에 내걸렸다. 네모가 무겁게 입을 열었다.

"입체도형들이 지금 탑 주위를 수색하고 있어. 어서 여길 떠나자."

네모가 컴컴한 계단과 담 밑을 더듬으며 앞으로 나갔다. 평면도형들이 그 뒤를 따랐다. 바퀴의 마지막 모습이 떠올라 누구도 입을 열지 못했다. 한참을 지나오니 더 이상 입체도형들의 소리도 들리지 않고 모습도 보이지 않았다. 동글이가 말했다.

"여긴 성문 반대쪽인데? 평면 나라는 성문 쪽으로 가야 하잖아."

"성문 쪽은 너무 위험해."

앞서 가던 네모가 뒤돌아보며 말했다. 다각형 하나가 두리번거리며 중얼거렸다.

"성문 반대쪽에도 밖으로 통하는 길이 있다고 하던데……."

"그래? 그쪽으로 가면 어디가 나오지? 평면 나라는 아닐 테고."

"입체 나라보다 더 위험한 곳이면 어떡해."

모두들 한마디씩 자기 생각을 말했다. 네모가 제안했다.

"어쨌든 성문 쪽은 입체도형들이 지키고 있으니까 반대쪽으로 갈 수밖에 없어. 어떤 곳이 나올지는 모르지만 우선 입체 나라를 빠져나가야 해."

"그래, 어쩔 수 없어. 입체도형들이 이쪽으로도 올지도 모르니까 서둘러야 해."

반원이 네모의 말에 찬성했고 더 이상 반대하는 도형도 없었다. 도형들이 서둘러 네모를 따라 움직였다. 갑자기 반원이 지름을 모으며 다급하게 말했다.

"아 참, 뾰족이! 뾰족이를 두고 왔어. 어떡하지?"

반원이 지름을 팔랑대며 안절부절못했다. 네모가 물었다.

"삼각형 뾰족이? 어디에 있는데?"

"도형 탑 쪽에. 많이 다쳐서 잘 움직이지도 못하는데. 입체도형에게 잡혔으면 어쩌지?"

네모가 반원의 호를 잡고 말했다.

"뾰족이라면 잡히지 않을 거야. 눈치도 빠르고 똑똑하니까."

네모는 다시 앞으로 획획 빠르게 움직였다. 반원도 동글이를 부축하고 네모를 따라가는 수밖에 없었다. 뾰족이가 무사하기만을 간절히 바랄 뿐이었다. 황량하고 어두운 들판이 계속 이어졌다. 평면도형들은 정해 놓은 곳도 없이 그저 성문 반대쪽으로 부지런히 움직였다. 반원이 하늘을 올려다보고 말했다.

"아, 반달이다. 예쁘다."

하얀 반달이 자신을 닮은 반원을 내려다보고 있었다. 반원은 반달을 향해 호를 흔들었다. 반달도 인사를 한 걸까. 호가 살짝 흔들리는 것처럼 보였다. 앞서 가던 네모가 멈추었다.

"잠깐, 앞에 뭔가 있어."

네모가 조그맣게 말했다. 평면도형들이 어두운 바닥에 엎드려 몸을 숨겼다. 앞을 살피러 살금살금 기어가던 네모는 곧 어둠 속으로 사라졌다. 반원은 입체도형들이 쫓아올까 봐 뒤를 돌아보았다. 멀리 다면체 성의 불빛이 조그맣게 보였다. 성을 꽤 멀리 벗어난 듯했다. 잠시 후 네모가 달빛 아래 나타났다. 처음 보는 두 평면도형이 함께 오고 있었다. 마름모와 사다리꼴이었다. 네모가 천천히 말했다.

"조금 더 가면 안전한 곳이 있대요. 이 도형들이 안내할 거예요."

평면도형들이 여기저기서 웅성거리기 시작하자 마름모가 앞으로 나와 말했다.

"여러분, 입체 나라를 탈출한 평면도형들이 숨어 사는 곳이 가까이에 있어요. 우리는 은신처를 지키는 도형들입니다. 자, 조금만 더 힘을 내서 우리를 따라오세요."

바퀴가 말한 비밀 장소가 정말로 나타난 것이다. 평면도형들이 기쁜 마음으로 마름모를 따라 움직였다. 곧 들판이 끝나고 덤불 숲이 나왔다. 마름모가 수풀 밑을 헤치자 둥근 구덩이가 드러났다. 마름모가 먼저 들어갔고, 사다리꼴의 지시에 따라 평면도형들이 차례로 들어갔다.

구덩이 안으로 길고 좁은 굴이 구불구불 이어져 있었다. 군데군데 불빛을 밝혀 놓아 앞이 잘 보였다. 한참을 가니 넓고 환한 공간이 나왔다. 둥근 광장에 꽤 많은 평면도형들이 모여 있었다. 탈출한 도형들이 모습을 드러내자 모여 있던 평면도형들이 변을 마주치며 환영했다. 정팔각형이 다가오며 말했다.

"여러분, 고생 많았습니다. 그 괴물 같은 탑에 매달려 있느라 얼마나 힘들었습니까?"

정팔각형의 말에 도형들은 변을 일그러뜨리며 괴로운 표정을 짓거나 눈물을 글썽였다. 몇몇 평면도형은 탈출한 도형들의 상처를 어루만졌다. 이내 광장에 모인 평면도형 모두가 함께 부둥켜안고 훌쩍이기 시작했다. 삼각형이든 사각형이든, 원이든 다각형이든 상관하지 않고 서로 얼싸안았다. 모두 다 같은 평면도형이었다. 정팔각형이 두 변을 마주치며 큰 소리로 말했다.

"여러분, 이제 서로 도우면서 함께 살길을 찾읍시다."

평면도형들이 울음을 멈추고 정팔각형의 말에 귀를 기울였다.

"여기는 탈출한 평면도형들의 지하 본부입니다. 입체도형에게 잡혀간 평면도형을 탈출시킬 계획을 짜고, 앞으로의 살길을 함께 찾는 곳이지요. 우선 편히 쉬면서 지친 몸을 돌보기 바랍니다."

다친 도형들은 그 자리에서 간단한 치료를 받거나 쉴 수 있는 방으로 옮겨졌다. 네모도 찢어진 꼭짓점을 간단히 치료받았다. 반원은 몇몇 평면도형을 붙잡고 부채꼴 엄마에 대해 물어보았으나 누구도 알지 못했다. 엄마는 지하 본부에도 없었다.

동그라미 형을 만나다

기운을 되찾은 반원과 네모는 지하 본부 안을 돌아다녔다. 원형 광장의 양쪽 통로에는 평면도형들이 사는 방이 촘촘히 늘어서 있었다. 탈출한 도형들이 들어왔던 길의 맞은편에는 오르막길이 나 있었다. 반원이 길을 따라 올라가 보니 길 끝에 커다랗고 둥근 구멍이 보였다. 반원은 뒤따라오는 네모를 보며 위를 가리켰다.

"땅 위로 나가는 곳일까?"

반원과 네모는 구멍이 있는 곳까지 가 보았다. 구멍을 막아 놓은 둥근 문이 조금 열려 있었고, 그 사이로 희뿌연 아침 햇살이 들어왔다. 반원이 몸을 조금 빼서 밖을 살며시 살펴보았다. 골목길과 직육면체 모양의 건물들이 보이는가 싶더니 갑자기 커다란 초록 원이 눈앞을 가로막았다.

"너는 반원 모양이구나. 이름이 뭐니?"

크고 멋진 초록 원이 말을 걸자 반원은 수줍어서 조그만 목소리로 대답했다.

"저, 그냥 반원이에요."

반원이 대답하자 초록 원이 큰 소리로 되물었다.

"뭐? 반원이라고?"

반원은 더욱 부끄러워졌다. 이름마저 하필 볼품없는 반원이라니, 반원은 호가 바짝 움츠러들었다. 초록 원이 반원을 찬찬히 보면서 다시 물었다.

"혹시 아빠는 나이테, 엄마는 부채꼴이니? 맞아? 그 반원 맞아?"

아, 이 목소리. 반원은 초록 원을 똑바로 쳐다보았다. 멋진 초록 원주에 굵은 테두리가 선명히 둘려 있었다.

"동그라미 형……?"

초록 원이 반원의 지름을 잡아 구멍 밖으로 꺼냈다.

"그래, 형이야. 동그라미 형!"

"으응, 정말 형이네."

반원은 초록 원주를 붙잡고 얼떨떨한 목소리로 말했다. 초록 원주가 파르르 떨렸고 반원의 덩굴무늬도 함께 떨리고 있었다.

"조그마한 반원일 때 보고 못 봐서 하마터면 못 알아볼 뻔했어. 이렇게 자랐을 줄이야."

동그라미가 반원의 지름을 번쩍 안아 올렸다. 반원은 꿈이 아닌가 싶었다. 혹시 동그라미 형이 또 꿈에 나온 것은 아닐까. 반원은 동그라미를 꽉 붙들고 울기 시작했다.

"형, 동그라미 형, 흐흑."

"반원아, 이 녀석 정말 많이 컸네."

형은 몸이며 말투가 어느새 어른이 되어 있었다. 돌아가신 아빠와 닮아 보였다. 뒤따라 밖으로 나온 네모도 눈물을 글썽였다.

"형, 얼마나 보고 싶었는데, 흑흑. 그런데 아빠가……."

"그래, 아빠는 어디에 계시니?"

"흑흑, 아빠는, 아빠는…… 으허엉."

반원이 끝내 울음을 터뜨리며 동그라미에게 안겼다. 동그라미가 반원의 호를 껴안은 채 네모를 쳐다보았다. 네모가 말했다.

"돌아가셨어요. 입체도형들한테 끌려가다가……."

네모의 말에 반원은 더욱 큰 소리로 울었다. 그동안 반원은 아빠가 죽고 엄마를 잃어버린 상황에서도 제대로 울지 못했다. 이제까지 꾹꾹 눌러 온 상처가 형을 만나서 한꺼번에 터져 버린 것이다. 동그라미도 반원을 안고 눈물을 떨어뜨렸다.

"흑흑, 그래그래. 우리 반원이 힘들었겠구나."

"아빠가 돌아가실 때 형을 불렀는데……. 흑흑, 쓰러진 아빠를 그냥 두고 와 버렸어. 어떡해, 으앙."

동그라미와 반원은 서로 꼭 껴안고 울었다. 네모가 그 모습을 슬픈 눈으로 바라보았다. 동그라미의 품 안에서 실컷 울고 난 반원이 훌쩍이며 말했다.

"그런데 엄마는 어디에 계신지 몰라. 엄마…… 흑흑."

반원이 다시 울음을 터뜨리자 동그라미가 반원을 달래며 말했다.

"반원아, 울지 마. 엄마는 괜찮으셔."

"으응? 형, 엄마 만났어?"

"아니, 엄마를 만나지는 못했지만 어디로 가셨는지는 알고 있어."

"어디로 가셨는데? 엄마 괜찮아?"

반원은 눈물범벅인 얼굴로 동그라미를 바라보았다.

"그럼. 지금쯤 좋은 곳으로 가고 계실 거야."

"어디? 지금 만날 수 없어?"

"나중에 만나게 될 거야. 입체 나라에서 먼저 탈출한 도형들은 지하 본부로 오지 않고 다른 곳으로 갔거든. 엄마도 그쪽으로 가셨다는 소식을 들었어. 엄마가 널 몹시 걱정하실 텐데……."

"엄마, 흑흑."

"이제 괜찮아. 반원아, 우리도 엄마가 가신 곳으로 곧 갈 거야."

동그라미가 반원의 호를 토닥이며 말했다.

"거기가 어딘데? 정말 엄마를 만날 수 있어?"

"그럼, 엄마가 가신 곳은……."

동그라미의 말이 끝나기 전에 갑자기 네모가 짧게 소리쳤다.

"앗, 입체도형이다."

반원이 울음을 뚝 그쳤다. 네모가 가리킨 곳을 본 반원은 두려움에 몸을 떨었다. 크고 둥그스름한 입체도형이 다가오고 있었다. 동그라미가 말했다.

"괜찮아. 여기 있는 입체도형들은 우리를 해치지 않아. 성에 있는 입체도형들과는 달라. 안심해."

"정말이야, 형? 우리를 해치지 않는 입체도형도 있어?"

"여기도 입체도형들이 살아요?"

네모도 꼭짓점을 오므리고 물었다.

"그래, 여긴 새 다면체들이 사는 곳이야. 정다면체를 깎아서 만든 다면체들이지. 깎인 정다면체들은 성에서 나와 이곳에 살고 있는데, 우리 평면도형들을 숨어서 살게 해 주고 있어."

"깎인 정다면체? 저 다면체는 사각형과 육각형이 번갈아 붙어 있네. 멋지다."

"면이 하나, 둘, 셋……."

반원이 다면체의 면을 세자 동그라미가 말해 주었다.

"십사면체야. 원래는 정팔면체였는데 모서리를 깎아서 십사면체가 되었대."

"그럼 면이 열네 개잖아. 와아, 멋지……."

십사면체가 다가오자 반원이 말을 뚝 멈추었다.

"안녕, 맨홀! 입체 나라를 탈출한 평면도형들이 왔다면서?"

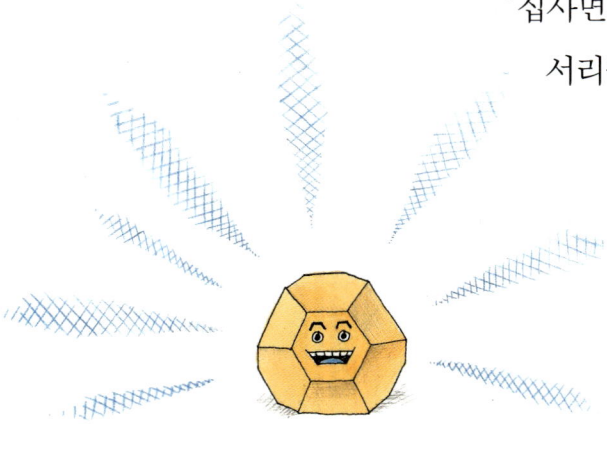

십사면체가 입체도형답지 않게 친절한 말투로 말했다. 반원과 네모가 빠져나온 구멍은 바로 맨홀이었다. 동그라미는 지하로 들어가는 문인 맨홀 뚜껑이 되어 있었다. 대부분의 평면도형이 맨홀을 통과할 수 있었으나 동그라미는 들어갈 수 없었다. 동그라미의 지름이 맨홀의 지름보다 조금 컸기 때문이다.

"도형 탑의 평면도형들이 점점 죽어 가고 있대. 빨리 구해야겠어."

동그라미가 몸을 살짝 들어 옆으로 미끄러지듯 움직이며 십사면체에게 말했다. 입체 나라에 있으면 두께가 생긴다더니, 동그라미도 바퀴처럼 얇은 두께가 생겨났다. 맨홀이 완전히 열리자 안에서 정팔각형이 나와서 동그라미에게 말했다.

"도형 탑으로 갈 구출대를 조직했어요. 어서 작전을 세웁시다."

그러자 십사면체가 말했다.

"저희도 지금 그 대책을 논의하고 있습니다. 평면도형들의 희생은 입체도형들에게도 좋지 않으니까요."

"맞아요. 우리 평면도형이 없다면 입체도형도 있을 수 없어요. 입체도형은 평면도형들의 도움과 희생으로 살고 있는 거라고요."

정팔각형이 말하자 십사면체가 모서리를 끄덕였다.

"그러게 말입니다. 모든 도형은 저마다 아름답고 각자의 역할이 있는 건데……."

"그래도 새 다면체들을 따르는 입체도형이 점점 늘고 있다면서요? 그래서 위기를 느낀 정다면체들이 더욱더 횡포를 부리는 모양이에요."

"정다면체들은 제멋대로 몸을 깎아 냈다고 저희를 내쫓았지요. 정다면체의 체면을 떨어뜨렸다고 말입니다. 하지만 많은 입체도형이 우리를 부러워하고 있어요. 낡고 똑같은 몸에서 벗어나 새로운 몸을 갖고 싶어 하는 도형들이 많아요."

반원과 네모는 십사면체가 하는 말에 조용히 귀를 기울였다. 평면도형을 존중하는 입체도형이 있다는 사실이 놀라웠다. 동그라미도 말했다.

"우리도 입체도형들을 무조건 미워하는 건 아냐. 모든 도형이 평등하게 살길 바라지."

"새 다면체들은 이번 일을 보고만 있지 않을 겁니다. 우리도 대표단을 꾸려서 다면체 성으로 가기로 했어요. 평면도형들의 희생을 어떻게든 막아야 해요."

십사면체의 결연한 태도에 정팔각형이 계획을 말했다.

"우리 구출대는 오늘 밤에 지하 굴을 빠져나가 성 안으로 들어가려고 해요."

"그럼 이따 우리 쪽 대표단과 만나 구출 작전을 논의합시다."

십사면체는 말을 마치고 골목 안으로 사라졌다. 정팔각형을 따라 밖으로 나온 평행사변형, 마름모 등의 평면도형들이 동그라미와 함께 회의를 시작했다. 반원은 동그라미와 더 시간을 보내고 싶었지만 회의를 방해하면 안 될 것 같았다.

　반원과 네모는 십사면체가 들어간 골목으로 가 보았다. 직육면체 모양의 건물들이 몇 처 보였다. 벽이 없이 지붕과 기둥만 있는 건물에서 둥근 입체도형이 데굴데굴 굴러 나왔다. 반원이 호를 번쩍 세우고 소리쳤다.

　"와아, 저건 공이다. 맞지?"

　"아니야, 정오각형고 정육각형이 번갈아 붙어 있잖아."

　"어? 그러네. 둥글둥글한 게 꼭 공처럼 생겼다. 참 잘생겼어."

반원은 둥근 다면체를 황홀하게 바라보았다. 셀 수 없을 만큼 많은 꼭짓점이 보석같이 반짝거렸다. 반원이 스스럼없이 말을 걸었다.

"면이 정말 많네요. 둥글둥글한 게 너무 멋져요."

"면이 서른두 개지. 정이십면체를 깎아 만든 삼십이면체야."

반원의 눈이 휘둥그레졌다.

"와아, 면이 서른두 개요? 굉장해요."

"면이 많고 둥글기 때문에 공기 저항이 작아서 잘 구를 수 있어. 하지만 구에 비하면 어림없지."

삼십이면체가 옆면을 슬쩍 문지르며 겸연쩍은 표정을 지었다. 반원이 물었다.

"구가 뭐예요?"

"아직 누구도 본 적 없는 입체도형이지. 완벽하게 둥근 모양이야."

"그럼 공처럼 생겼어요?"

"흠, 공은 구를 닮기는 했지만 완전한 구는 아니지. 구는 누구도 만들 수 없고 오직 자신의 힘으로만 탄생할 수 있는, 고귀한 입체도형이야. 완벽한 회전을 통해 신비한 힘이 나와야만 그 모양이 생겨나거든."

반원이 눈을 반짝이며 물었다.

"구는 회전을 통해 만들어진다고요?"

"그래, 회전체 중에 가장 완벽하고 아름다운 것이 바로 구야. 나도 구가 되고 싶어서 꼭짓점을 열두 개나 도려냈지만 될 수 없었어."

"와아, 그렇게 힘든 일을 어떻게 해내요? 대단해요."

네모가 존경스럽다는 표정을 지었다.

"힘들었지. 그래도 꼭짓점이 60개나 생겼고, 이렇게 공처럼 둥근 모양이 되었잖니?"

"와아, 꼭짓점이 60개?"

네모와 반원의 눈이 휘둥그레졌다. 삼십이면체가 빙긋 웃고는 천천히 몸을 굴려 골목을 빠져나갔다.

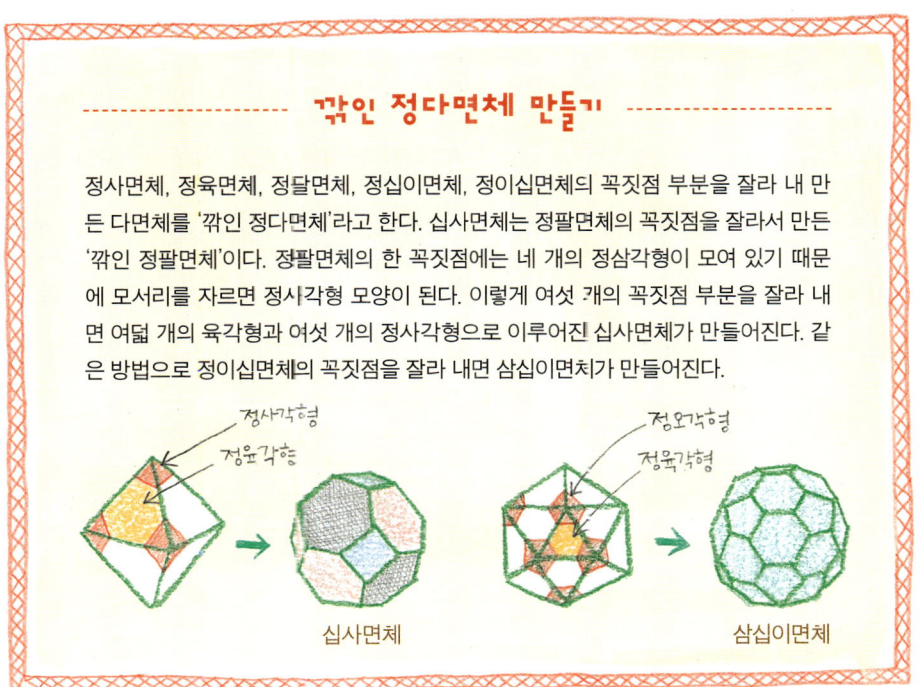

깎인 정다면체 만들기

정사면체, 정육면체, 정팔면체, 정십이면체, 정이십면체의 꼭짓점 부분을 잘라 내 만든 다면체를 '깎인 정다면체'라고 한다. 십사면체는 정팔면체의 꼭짓점을 잘라서 만든 '깎인 정팔면체'이다. 정팔면체의 한 꼭짓점에는 네 개의 정삼각형이 모여 있기 때문에 모서리를 자르면 정사각형 모양이 된다. 이렇게 여섯 개의 꼭짓점 부분을 잘라 내면 여덟 개의 육각형과 여섯 개의 정사각형으로 이루어진 십사면체가 만들어진다. 같은 방법으로 정이십면체의 꼭짓점을 잘라 내면 삼십이면체가 만들어진다.

둥근 입체도형, 회전체

구부러진 면과 휘어진 공간

반원과 네모는 골목을 빠져나왔다. 그런데 맨홀이 보이지 않았다. 반원이 두리번거리며 말했다.

"네모야, 여긴 우리가 왔던 곳이 아니야. 길을 잘못 나왔나?"

"분명히 이쪽인데? 다시 골목 안으로 가 볼까?"

반원과 네모가 뒤로 돌았는데 방금 나왔던 골목도 사라지고 없었다. 다면체들이 들락날락하던 건물도 보이지 않았다. 앞에는 낮은 언덕이 펼쳐져 있었다. 둘은 덜컥 겁이 났다.

"도대체 어떻게 된 거지? 여긴 어디야?"

"모두 사라졌어. 갑자기 땅이 마술이라도 부린 거야?"

"형! 동그라미 형!"

반원은 겁에 질려 동그라미를 부르기 시작했다. 네모도 주위를 둘러보며 외쳤다.

"누구 없어요? 아무도 없어요?"

땅은 언덕처럼 봉긋하기도 하고 아래로 움푹 들어가기도 했다. 바닥이 평평하지 않고 구부러지고 휘어져 있었다. 구부러진 땅 너머로 한 평면도형이 조그맣게 보였다. 그 도형은 점점 커지며 가까이 다가왔다.

"헉헉, 아이고, 힘들어. 곡면 땅은 정말 힘들단 말이야."

반원이 평면도형을 덥석 잡고 반갑게 소리쳤다.

"아니, 너 뾰족이잖아. 무사했구나!"

"그래, 너도 무사해서 다행이야. 나 괜찮아졌지?"

뾰족이는 빗변과 높이가 몰라보게 매끈해져 있었다. 밑변도 더 튼튼해 보였다. 네모는 뾰족이를 알아보지 못했다.

"얘가 뾰족이라고? 이등변삼각형이었던 뾰족이?"

"맞아, 나 뾰족이야. 이제 이등변삼각형이 아니라 직각삼각형이지. 직각삼각형은 밑변 길이의 제곱과 높이의 제곱을 더하면 빗변 길이의 제곱이 돼. 이 사실을 피타고라스라는 수학자가 알아냈기 때문에 '피타고라스의 정리'라고 하지. 내가 바로 그 유명한 공식이 성립되는 몸이거든."

뾰족이가 빗변에 힘을 주고 으스대며 말했다. 네모가 어리둥절한

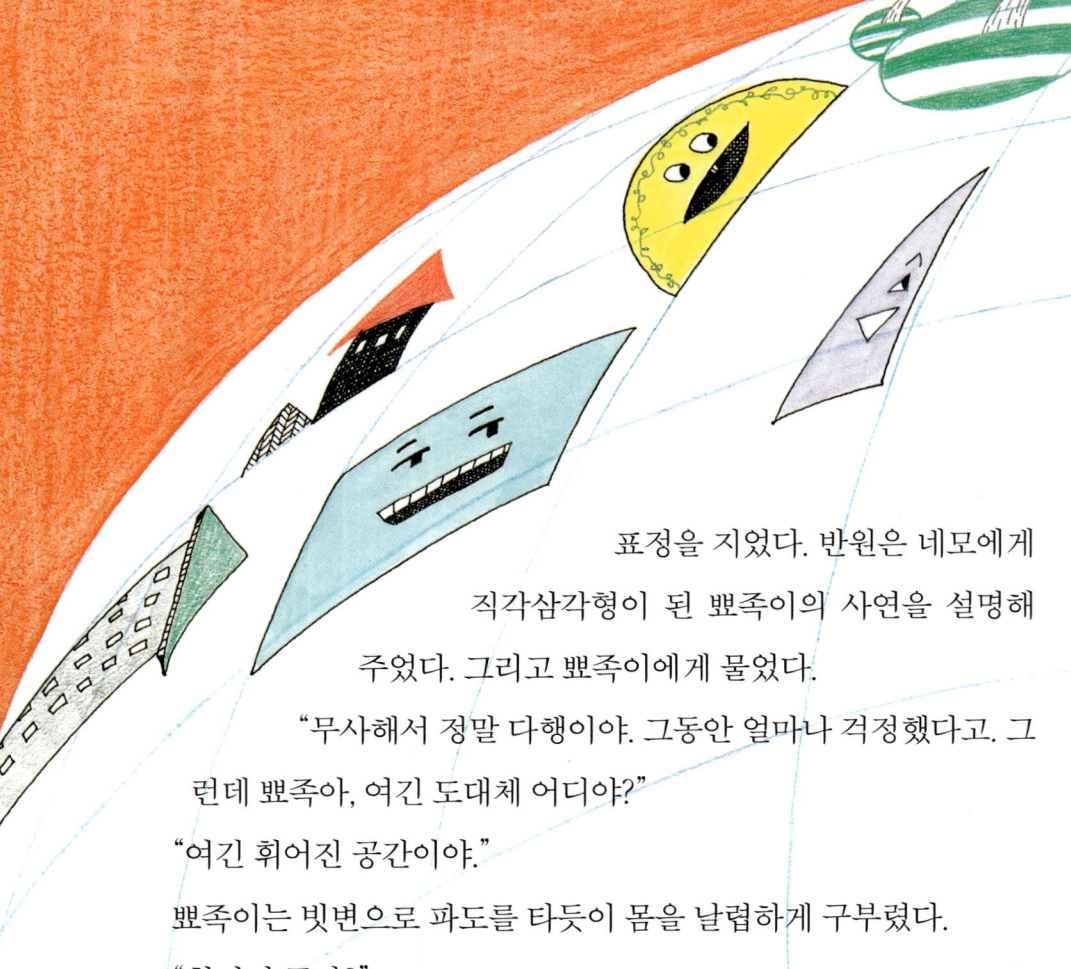

표정을 지었다. 반원은 네모에게 직각삼각형이 된 뾰족이의 사연을 설명해 주었다. 그리고 뾰족이에게 물었다.

"무사해서 정말 다행이야. 그동안 얼마나 걱정했다고. 그런데 뾰족아, 여긴 도대체 어디야?"

"여긴 휘어진 공간이야."

뾰족이는 빗변으로 파도를 타듯이 몸을 날렵하게 구부렸다.

"휘어진 공간?"

"세상은 평평한 평면만으로 이루어진 게 아니야. 이곳처럼 둥근 평면, 즉 곡면으로 된 휘어진 공간도 있어. 곡면과 평면은 아주 달라. 곡면 위에서는 삼각형의 내각의 합이 180도가 아니지. 네모의 각도 직각이 아냐."

"응? 내가 직각이 아니라고?"

네모는 화들짝 놀라서 자신의 몸을 바라보았다. 정말 직각이 아니었다.

"어? 각뿐만이 아니야. 가로와 세로도 서로 평행하지 않잖아."

네모가 양쪽 변을 번갈아 보며 소리쳤다. 네모가 곡면에서 굴러떨어지지 않으려고 바닥에 바짝 붙어 있었기 때문에 변이 휘어져 버렸다. 반원의 지름도 직선이 아니라 곡선이 되어 버렸다.

"정말 신기하다. 몸이 달라졌어."

반원이 자신의 몸을 보고 말하자 뾰족이가 꼭짓점을 쫑긋하며 말했다.

"사실 평면은 좀 지루하지 않니? 저길 봐. 집도 나무도 모두 기울어져 서 있지? 정말 재미있는 곳이야."

"야아, 정말 그래. 다리도 휘어졌어. 기차도 휘어져서 가고 있어."

"저렇게 기울고 휘어져도 안 무너지나? 신기하다."

한참을 바라보던 반원이 갑자기 걱정스러운 얼굴로 물었다.

"뾰족아, 나 형이 있는 다면체 마을로 돌아가야 해. 우릴 다면체 마

곡면 기하학

평평한 면을 평면이라고 하고, 둥글고 구부러진 면을 곡면이라고 한다. 평면에서 삼각형의 내각의 합은 180°이다. 하지만 곡면에서는 삼각형의 내각의 합이 180°가 아니다. 곡면이 볼록하면 180°보다 크고, 곡면이 오목하면 180°보다 작다. 그리고 평면에서는 서로 평행한 직선이 존재한다. 하지만 곡면에서는 평행선이 존재하지 않는다. 곡면에 그은 직선은 지구본에 그은 위도와 경도 선처럼 곡선이 되기 때문이다. 우리가 살고 있는 지구가 바로 둥근 곡면이다.

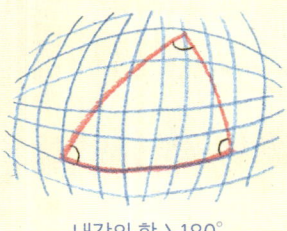
내각의 합 > 180°

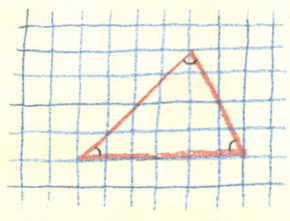
내각의 합 = 180°

을로 데려다 줄 수 있니?"

"그래? 그럼 어서 여길 나가자."

뾰족이가 밑변에 힘을 주고 몸을 세워 앞장서 갔다. 반원과 네모도 따라갔다. 반원은 휘어진 땅을 오르내리느라 숨이 가빴다. 솟아오른 곡면을 오르며 반원이 물었다.

"헉헉, 그런데 뾰족아, 도대체 어떻게 된 거야? 입체 나라 성에서 어떻게 빠져나왔어?"

"으응, 누가 날 구해 줬어. 이제 슬슬 올 때가 됐는데?"

뾰족이가 곡면의 높은 곳에서 주위를 둘러보았다. 저 멀리에서 속이 빈 원통이 빠르게 굴러 오고 있었다. 반원은 네모의 변을 꽉 잡고 원통이 굴러 오는 것을 두렵게 쳐다보았다. 원통은 눈 깜짝할 사이에 반원과 네모를 삼켜서 통에 담더니 계속 데굴데굴 굴렀다.

"아, 아, 아아아~"

반원의 목소리가 통 속에서 메아리처럼 울렸다. 몸이 이리저리 마구 뒤집혔다. 반원은 너무 어지러워서 머리가 빙빙 돌 것 같았다. 그러다 그만 의식을 잃고 말았다.

"반원아, 반원아."

네모가 반원의 호를 흔들어 깨웠다. 뾰족이도 옆에서 지켜보고 있었다.

"여기가 어디야?"

반원이 두리번거리며 물었다. 아무렇게나 자란 덤불 사이에 비석이 하나 서 있었다. 비석에는 도형 그림이 그려져 있었다. 반원이 그림을 가리키며 말했다.

"으으, 저 그림은 뭐야? 꼭 우리를 태우고 온 원통처럼 생겼네."

"이건 원기둥, 그 안에 공처럼 생긴 것은 바로 구야. 그리고 고깔처럼 생긴 것은 원뿔이지. 이런 입체도형을 회전체라고 해. 회전을 해야 생기는 입체도형이거든."

뾰족이가 꼭지각으로 그림을 가리키며 설명했다. 반원이 깜짝 놀라 말했다.

"구라고? 가장 완벽하고 아름다운 입체도형이라는 구?"

"너도 구에 대해 들어 봤구나."

뾰족이가 비석 뒤로 난 오솔길로 걸어가며 말했다. 반원이 따라가며 물었다.

"여긴 어디야? 어디로 가는 거니?"

"뾰족아, 도대체 어디 가는 거야?"

네모도 뾰족이의 행동이 의심스러워 물었으나 뾰족이는 빗변만 팔랑거렸다.

"도대체 어딜 가는 거야!"

"따라와 봐. 괜찮아.'

네모가 버럭 소리를 지르자 뾰족이가 조용히 웃으며 말했다.

회전체가 된다고?

오솔길을 한참 지나자 나무로 만든 작은 집이 나왔다. 원기둥 모양의 몸체에 원뿔 지붕을 얹은 집이었다. 뾰족이가 꼭짓점을 까딱하며 들어오라는 몸짓을 했다. 반원과 네모가 안으로 주뼛주뼛 따라 들어갔다. 집 안은 햇빛이 잘 들어서 바깥보다도 환했고, 사방 벽면에는 비석에서 본 그림이 빽빽이 그려져 있었다. 탁자 위와 선반에는 대접이나 항아리 모양의 그릇들이 어지럽게 놓여 있었다. 반원이 뾰족이의 빗변을 붙잡고 속삭였다.

"여기가 어디야?"

"뾰족이 너 무슨 꿍꿍이속이야? 바른대로 말해."

갑자기 한쪽 구석에서 소름 끼치는 웃음소리가 들려왔다.

"호호호, 호리병을 만들어 볼까?"

햇빛이 들지 않는 한쪽 모퉁이에 웅크린 뒷모습이 보였다. 꾀죄죄한 옷을 입은 노인이 의자에 앉아 있었다. 헝클어진 흰 머리카락이 모자 밖으로 삐죽빼죽 나와 있었다. 노인의 앞에는 흙덩이가 뱅글뱅글 돌고 있었는데, 노인이 흙덩이 안으로 손을 집어넣자 구멍이 생기며 병이 만들어졌다. 뾰족이가 조그맣게 말했다.

"도형 마법사야. 좀 지저분하긴 하지만."

"도형 마법사?"

"응, 입체도형을 만들어. 주로 둥근 입체도형."

반원이 깜짝 놀라 마법사를 바라보았다. 네모는 뾰족이의 말을 못 믿겠다는 눈치였다. 마법사가 발판에서 발을 떼자 빠르게 돌던 흙덩이가 점점 느려지면서 멈추었다.

"후유, 이런 회전체들은 생명이 없으니 이제 재미없군. 어, 너희들 언제 왔냐?"

마법사가 세 도형을 보고 음흉한 미소를 지었다. 뾰족이가 꼭지각을 쫑긋하며 말했다.

"마법사 할아버지, 반원이 왔어요. 네모도 같이 왔어요."

"그래, 반원이 맞구나, 맞아."

마법사가 눈을 반짝이며 허둥지둥 걸어왔다. 반원은 마법사와 눈이 마주치자 호가 쪼그라들었다. 몸도 으슬으슬 떨렸다. 뾰족이가 반원을 안심시켰다.

"괜찮아, 안 무서워."

마법사가 두 손을 비벼 흙을 대충 떨고는 반원을 들어 올렸다.

"흐흐흐, 완벽해. 드디어 반원을 찾았어."

반원은 마법사의 두 손 위에서 호를 버둥거렸다. 마법사가 눈을 더욱 번쩍이며 말했다.

"호가 반듯하군. 회전 수련만 하면 완벽한 구가 되겠어."

반원은 버둥거리던 호를 멈추고 마법사를 바라보았다.

"오직 반원만이 구가 될 수 있지. 이제까지 반원을 못 찾아 속상했는데, 너를 만나서 다행이구나."

마법사는 반원을 탁자 위에 내려놓고 컴퍼스를 들더니 한쪽 바늘을 반원의 중심에, 다른 쪽을 반지름 끝에 놓고 돌렸다.

"흐흐흐, 완벽한 반원이군. 훌륭한 구가 될 수 있겠어."

완벽하다니, 반원은 난생처음 들어 보는 말에 어안이 벙벙했다. 마법사가 반원의 호를 쓰다듬으며 말했다.

"자, 그럼 회전 수련을 당장 시작하자."

"무슨 말씀인지 잘 모르겠어요. 구라니요?'

"저 구를 봐, 얼마나 아름다운가. 너도 저렇게 완벽한 구가 될 수 있어."

　마법사가 벽에 걸린 그림을 가리켰다. 비석에서 보았던 세 회전체가 하나씩 그려져 있었다. 가운데 그림이 구였고, 구의 왼쪽은 원기둥, 오른쪽은 원뿔이었다. 반원은 구를 그린 그림을 한동안 바라보았다. 둥근 구의 모습은 완벽하고 눈부시게 아름다웠다.

　"오호, 황금 사각형 아닌가."

　마법사가 이번에는 네모를 내려다보고 환호했다. 마법사는 네모를 두 손에 받쳐서 탁자 위에 올려놓았다. 그리고 한쪽 변에 자를 대보더니 더욱 흥분했다.

　"오호, 반원의 지름과 같은 30센티미터야. 그럼 뾰족이의 높이와도 같잖아. 흐흐흐."

"그것 보세요. 둘 다 제 높이와 같죠? 그런데 네모도 회전체가 될 수 있어요?"

뾰족이가 꼭짓점을 쫑긋대며 물었다.

"그럼! 직사각형이 회전하면 원기둥이 되거든. 게다가 지름과 높이가 같은 회전체를 만들 수 있다니 굉장한걸? 호호호."

마법사는 네모와 뾰족이를 반원의 양쪽에 놓고는 두 팔을 들고 몹시 좋아했다.

"이제 너희 셋은 회전체 삼총사가 되는 거야."

"정말이죠? 우리가 정말 회전체가 되는 거죠?"

뾰족이가 빗변을 흔들며 마법사에게 물었다. 네모가 의심스러운 얼굴로 말했다.

"회전체는 누구도 본 적 없는 신비한 입체도형이라고 하던데요?"

"맞아요. 우리가 회전체가 될 수 있다니, 지금 우리를 놀리시는 거예요?"

반원도 따져 물었다.

"호호, 당연히 쉽게 될 수는 없지. 그러니까 회전 수련을 해야 하는 거야. 저렇게 완벽한 모습의 회전체는 직사각형, 직각삼각형, 반원, 너희 셋만 될 수 있어."

"정말 우리가 회전만 하면 될 수 있어요?"

네모가 거듭 묻자, 뾰족이가 답답하다는 듯이 네모의 변과 반원의 호를 잡고 흔들었다.

"그렇다니까! 마법사님은 평생 회전체만 연구하셨단 말이야."

그러나 반원은 도무지 믿기지 않아 지름을 흔들며 말했다.

"말도 안 돼요. 원도 아닌 제가 구가 된다니……."

반원은 벽에 걸린 구의 그림을 보았다. 구의 모습은 너무나 아름다워서 그림 속으로 빨려 들어갈 것만 같았다. 반원이 정신을 차리고

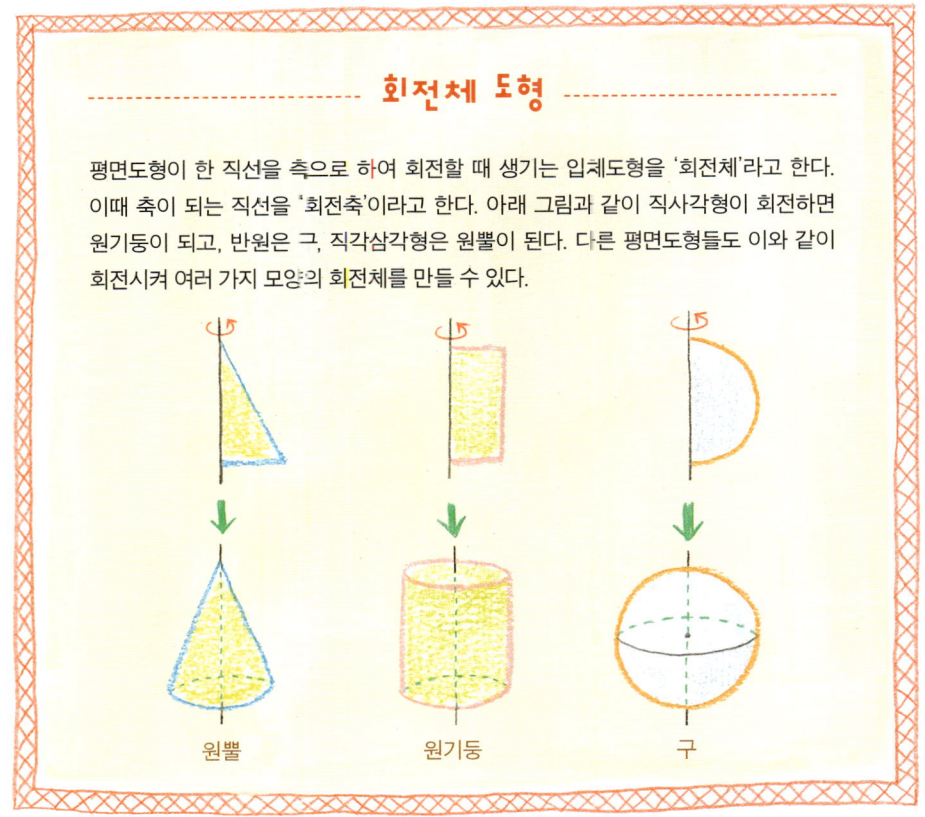

회전체 도형

평면도형이 한 직선을 축으로 하여 회전할 때 생기는 입체도형을 '회전체'라고 한다. 이때 축이 되는 직선을 '회전축'이라고 한다. 아래 그림과 같이 직사각형이 회전하면 원기둥이 되고, 반원은 구, 직각삼각형은 원뿔이 된다. 다른 평면도형들도 이와 같이 회전시켜 여러 가지 모양의 회전체를 만들 수 있다.

원뿔   원기둥   구

말했다.

"저는 형에게 돌아가야 해요. 형이랑 같이 엄마를 찾아가기로 했거든요. 형이 지금 저를 몹시 찾고 있을 거예요. 다면체 마을로 돌려보내 주세요."

"회전체가 된 다음 가면 되잖니. 자, 어서 회전 수련을 시작하자."

마법사가 서두르자 네모도 반원을 설득했다.

"반원아, 우리 해 보자. 구가 된 다음에 형도, 엄마도 만나면 되잖아. 최고의 입체도형인 구가 될 수 있는 기회가 생긴 거야."

"너는 정말 내가 구가 될 수 있다고 생각하니? 나는 믿을 수 없어. 반쪽짜리 원인 내가 어떻게……."

반원은 호를 세차게 흔들었다. 마법사가 말했다.

"회전 수련은 자신의 의지가 없으면 성공할 수 없다. 몸과 마음을 다해 수련해야만 해. 그러지 않으면 입체도형이 된다 하더라도 구멍이 뚫리거나 찌그러지거든."

"어쨌든 입체도형이 되는 거잖아요. 저는 해 볼래요. 반원아, 너도 같이 하자, 응?"

네모가 반원을 잡고 흔들었다. 반원이 마법사에게 물었다.

"제가 정말 될 수 있어요? 구가 될 수 있어요?"

"네가 여기까지 온 걸 보면 꽤나 용감한 도형인 것 같구나. 꼭 훌륭한 구가 될 거다."

반원은 가슴이 뛰었다. 여전히 믿기 힘들었지만 해 보고 싶다는 생각도 들었다. 원이 되는 게 소원이었는데 원보다 더 멋진 구가 될 수 있다니. 형과 엄마를 단나야 한다는 걱정에 망설여졌으나 도전해 보고도 싶었다. 네모가 반원을 얼싸안았다.

"우리 꼭 회전체가 되자."

"그래, 꼭 성공하자."

뾰족이도 네모와 반원을 껴안으며 다짐했다. 반원은 여전히 구가 될 수 있다는 사실이 믿기지 않았다.

날마다 회전 수련

반원과 네모와 뾰족이는 마법사를 따라 수련실로 들어갔다. 수련실은 유리창이 많아서 눈이 부시게 환했고, 길고 가느다란 봉이 세 개 서 있었다. 뾰족이가 봉을 잡고 빙글빙글 돌며 재미있어했다.

"호호호, 회전에 소질이 있구나. 그럼 뾰족이부터 연습해 보자. 높이를 봉에 붙이고 몸을 쭉 펴서 밑변을 돌려 보아라. 몸이 수직이 되어야 해."

마법사가 해진 옷자락을 휘적휘적 나부끼며 열심히 설명했다. 뾰족이는 마법사의 지시대로 몸을 쭉 펴서 높이를 봉에 대고 힘껏 회전했다. 꼭지각을 뱅글뱅글 돌리자 몸도 따라 돌기 시작했다. 하지만 몇 바퀴 돌자 금세 숨이 찼다. 뾰족이의 속도가 점점 줄어들자 마법사가 소리쳤다.

"회전 속도가 오르락내리락하면 안 돼. 속도가 일정해야 완벽한 회전체가 될 수 있어."

"너무 힘들어요, 헉헉. 밑변이 꼭지각의 속도를 못 따라가겠어요."

"빨리, 더 빨리! 그런 속도로는 어림없어."

"몸이 튕겨 나갈 것 같아요, 헉헉."

결국 뾰족이는 회전을 멈추고 숨을 몰아쉬었다. 회전이 빨라질수록 바깥으로 몸이 튕겨 나갈 것 같았다. 밑변이 반지름을 그리며 꼭지각의 회전을 따라가느라 눈이 핑핑 돌 지경이었다.

"허허, 벌써 지치면 어쩌느냐? 원심력을 버텨 내는 힘을 길러야겠군그래."

네모도 몸을 봉에 붙이고 회전해 보았다. 두 변이 함께 회전하다 보니 몹시 느렸다. 마법사가 답답한 듯 손을 돌리며 재촉했지만 네모의 몸은 느릿느릿 돌아갔다.

뾰족이와 네모를 지켜보던 반원은 걱정이 앞섰다. 회전은커녕 몸을 세우기도 힘겨웠기 때문이다. 지름과 호를 바닥에서 떼고 한 점으로 서서 버텨야 하는데, 반원은 한 번도 해 보지 않은 자세였다. 반원이 지름을 봉에 붙이고 지름 끝의 점으로 겨우 섰다. 그러나 회전을 시도하자 몸이 바닥으로 툭 떨어지고 말았다.

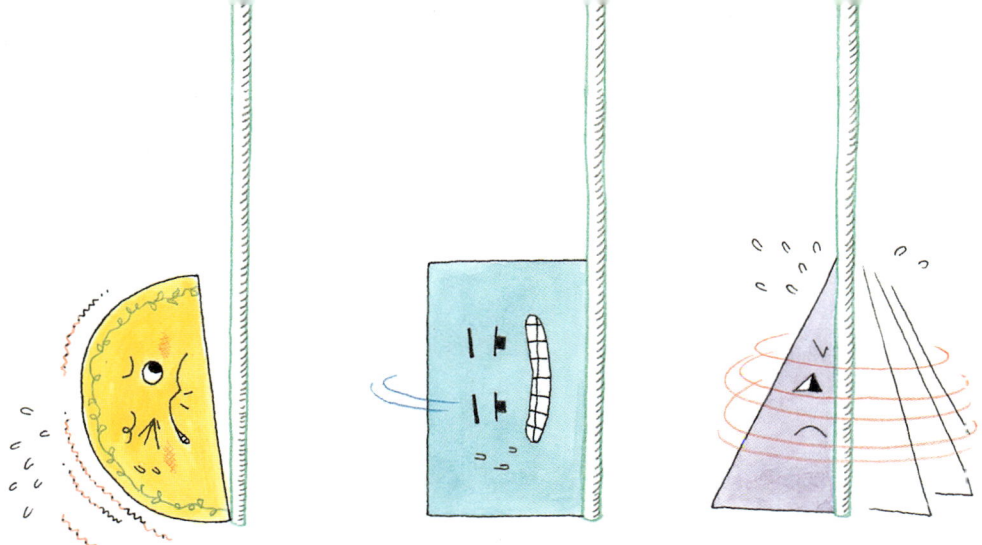

"이런, 이런, 몸을 세우기도 힘들겠군. 너는 지름 끝으로 서는 연습부터 해야겠어. 걱정 마, 잘될 거다. 흐흐흐."

마법사가 반원의 속도 모르고 즐겁게 웃었다. 반원은 구가 될 수 없을 것 같다는 생각이 들었다. 몸도 세우기 힘든데 어떻게 빠른 속도로 회전할 수 있을까.

"너무 걱정 말아라, 흐흐. 오늘은 첫날이라 힘들 테지만 수련을 열심히 하면 조금씩 나아질 거야. 뾰족이 너는 회전하는 속도를 일정하게 하고, 네모는 더 빨리 회전하도록 해. 반원은 우선 지름을 세우는 것부터 연습해라."

"제대로 회전할 수 있을까요? 제가 정말 회전체가 될까요?"

네모가 힘없이 물었다.

"그럼, 그럼. 수련만 열심히 하면 얼마든지 가능하지. 자, 다시 시작해 봐."

마법사가 방을 나가자 세 평면도형은 힘이 쭉 빠졌다. 반원은 바닥에 털썩 누워 버렸다.

"몸을 세우기도 힘든데 어떻게 회전을 하지? 난 힘들겠어. 구가 될 수 없을 거야."

"구가 가장 아름답고 완벽하다고 하잖아. 그러니까 수련도 가장 힘들 거야. 반원아, 힘내."

네모가 용기를 북돋워 주었다. 반원은 문득 다면체 마을에서 본 삼십이면체가 떠올랐다. 구가 되고 싶어서 열두 개의 꼭짓점을 잘라 냈다고 했다. 게다가 구가 될 수 있다면 온몸을 깎는 고통쯤은 참을 수 있다고 했다. 반원은 그에 비하면 회전 수련은 견딜 만하다는 생각이 들었다. 얼른 구가 되어 애타게 자신을 찾고 있을 동그라미 형과 부채꼴 엄마를 만나고 싶었다.

"그래, 해 보는 거야. 노력해 보자."

반원이 중얼거리며 일어났다. 새로운 각오로 봉을 잡고 몸을 세웠다. 지름의 끝점에 단단히 힘을 주고 회전해 보았으나 몸이 따라 주지 않았다. 하지만 넘어지지는 않았다. 조금은 나아진 것이다. 언젠가는 회전도 잘할 수 있으리라는 믿음이 생겼다.

반원과 네모와 뾰족이는 날마다 회전 수련을 했다. 반원은 형과 엄마가 가끔 생각나곤 했지만 언젠가 완벽한 구가 되어 만날 날을 상상하며 수련에 열중했다. 이제 반원은 지름 끝점으로 몸을 가뿐히 세우고 봉에 몸을 붙여 회전을 곧잘 했다. 어떤 때는 호가 보이지 않을 정도로 쌩쌩 돌았다. 뾰족이가 가장 빠르게 회전했으며, 네모의 회전도 안정되고 빨라졌다. 하지만 네모는 회전 수련이 힘들었는지 세로가 줄어들어 가로의 절반이 되었다.

어느 날 마법사가 수련실에 들어와서 회전 봉을 치웠다. 세 도형이 휑한 수련실을 의아하게 바라보자 마법사가 말했다.

"자, 이제부터 회전 봉 없이 너희 스스로 회전을 한다. 흐흐흐."

"네에? 회전 봉 없이 회전을 한다고요?"

반원은 깜짝 놀랐다. 이제 겨우 봉에 몸을 붙이고 회전을 잘하게 됐는데, 봉 없이 어떻게 몸을 지탱하고 회전하라는 걸까. 반원은 불가능한 일처럼 여겨졌다.

"봉에 의지해서 돌던 스스로 회전하는 게 아니잖아. 너희 몸 스스로 회전축을 만들어야 입체도형이 될 수 있다. 자, 어서 몸을 세워 봐. 흐흐."

먼저 뾰족이가 자신 있게 몸을 세워 회전을 해 보았다. 처음에는 회전이 빠르게 되는가 싶더니 높이가 자꾸만 빗변 쪽으로 기울어졌다. 네모도 몸을 세우고 조심스럽게 회전을 시작했으나 회전축이 점점 기울어졌다.

"흐흐, 괜찮아, 괜찮아. 회전축에 힘을 주고 몸이 기울어지지 않도록 해 봐. 회전축이 튼튼해야 회전이 잘되지."

반원도 지름 끝에 힘을 주고 몸을 세워 보았다. 지름 끝점이 쿡쿡 쑤시며 아팠지만 꾹 참고 일어섰다. 하지만 이내 몸이 휘청거리며 바닥에 철퍼덕 엎어졌다. 마법사가 너털웃음을 터뜨리며 말했다.

"허허허, 너무 힘을 주지 말고 가볍게 몸을 세운다는 느낌으로 서 봐. 회전축인 지름은 반듯하게 펴고."

마법사가 일어나라고 손짓했다. 반원이 다시 몸을 세워 지름을 쭉 펴 봤지만 금세 휘청거리며 바닥에 엎어졌다. 몇 번 넘어지자 온몸이 쑤시고 아파 왔다. 마법사는 너털웃음을 지으면서도 일어나라는 손짓을 계속했다.

"자, 다시!"

일어나고 엎어지기를 반복하는 사이 반원은 어느덧 지름을 쭉 펴고 몸을 세우게 되었다. 마법사의 말대로 끝점을 바닥에 가볍게 붙이자 몸이 더 이상 휘청거리지 않고 반듯하게 섰다. 마법사가 박수를 치며 기뻐했다.

"호호호, 그렇지! 바로 그거야. 발레리나가 발가락 끝으로 서서 회전하듯이 빙글빙글 돌아 봐. 이렇게…… 아이고."

마법사는 발끝으로 몸을 세우고 두 손을 머리 위로 들어 빙글빙글 돌다가 바닥으로 쿵 넘어졌다. 네모와 뾰족이가 꼭짓점을 흔들며 크게 웃었고, 반원도 방긋 웃었다.

"아하하!"

"이 녀석들아, 그만 웃어라. 나도 예전엔 회전을 아주 잘했단 말이다. 반원아, 내가 하는 거 잘 봤지? 내가 발끝으로 서듯이 너도 한 점으로 서서 지름에 힘을 주고 돌아 봐."

반원은 지름을 세우고 호를 돌려 회전했다. 지름에 힘을 주자 호가 빠르게 돌기 시작했다. 몸이 바람개비처럼 빙글빙글 돌았다.

"그렇지, 그렇지. 점에 힘을 주지 말고 회전축인 지름에 힘을 줘. 흐흐흐, 바로 그거야."

반원은 마법사의 말에 따라 계속 돌았다. 회전축인 지름이 빙글빙글 돌았고, 호가 그 주위를 빠르게 돌았다. 이제 반원은 회전을 멈출 수 없을 만큼 속도가 빨라졌다.

"흐흐, 그래! 계속 돌아, 계속!"

반원은 호가 보이지 않을 정도로 핑핑 돌았다. 곧이어 반원은 몸도 보이지 않을 만큼 빨라졌다. 바람 소리만 획획 났다. 마법사는 두 손을 모아 쥐고 간절한 표정으로 반원의 회전을 쳐다보았다. 네모와 뾰족이도 아무 말도 하지 못한 채 눈앞의 광경을 바라보았다.

"아!"

마법사가 짧게 소리 쳤다. 바람 소리만 획획 나던 자리에 둥근 입체가 살짝 보이더니 곧 사라졌다. 둥근 입체는 보이다가 사라지기를 반복했다. 그리고 중심에서부터 점점 또렷해지더니 넓고 둥근 입체도

형이 서서히 드러났다. 숨죽이고 바라보던 네모와 뾰족이가 동시에 소리를 질렀다.

"와아!"

"구다!"

드디어 공 모양의 입체도형이 눈앞에 나타났다. 완벽한 회전체, 바로 구였다. 지름 30센티미터의 반원이 만든 구였다.

"드디어 구가 탄생했다. 대성공이야, 하하하."

마법사가 감격에 젖어 말했다. 네모와 뾰족이가 구를 꼭짓점으로 건드려 보았다.

"아, 간지러워. 후유, 어지러워서 혼났어."

반원의 목소리였다. 구의 중심에서 울려 나오는 소리는 반원의 목소리 그대로였다. 구의 색깔도 여전히 노란색이었고, 덩굴무늬가 겉면의 가장자리를 빙 두르고 있었다.

"반원아, 너 정말 대단해. 멋진 구가 됐어."

"아니, 이제 반원이 아니지. 구라 불러야겠네. 멋져, 구야."

뾰족이가 빗변으로 구를 쓰다듬으며 말했다. 네모도 양변으로 구를 끌어안았다. 반원은 자신의 몸을 만져 보았다. 둥글고 부드러웠다. 앞에 있는 거울을 바라보고는 깜짝 놀랐다.

"아, 완벽한 구네. 정말 아름다워. 이게 진짜 나야?"

반원은 거울에 비친 자기 모습이 몹시 어색했다. 몸을 스르르 움직여 보았다. 몸이 저만치 데굴데굴 굴러갔다. 힘을 별로 들이지 않고도 이만큼이나 오다니 신기했다. 이제 어디든지 빨리 갈 수 있겠지. 구가 된 반원은 어서 세상 밖으로 나가고 싶었다.

회전체 삼총사

마침내 네모와 뾰족이도 스스로 회전하는 데 성공했다. 뾰족이는 어렵지 않게 원뿔이 되었다. 네모는 회전이 빨라지지 않아 고생했지만 끝내 성공하여 원기둥이 되었다. 구가 된 반원과 원기둥이 된 네모, 원뿔이 된 뾰족이는 서로의 몸을 비비며 기쁨을 나누었다.

"우리가 입체도형이 되었어. 이게 꿈은 아니지?"

"게다가 신비한 도형이라는 회전체가 되다니, 믿기지 않아."

"우리는 이제부터 회전체 삼총사야."

"흐흐흐, 그래. 너희 셋은 지름과 높이가 같은 회전체 삼총사야. 구의 지름은 원기둥, 원뿔의 높이와 같지. 완벽해, 아름다워!"

마법사가 세 회전체를 바라보며 흡족하게 웃었다. 구가 거울에 비친 자신을 보며 마법사에게 물었다.

"이제 저도 부피를 가진 입체도형이 되었어요. 그런데 제 부피는 어떻게 구해요? 이렇게 둥근데 부피를 구할 수 있어요?"

"그럼, 구할 수 있고말고. 너희들은 지름과 높이가 같아서 원뿔,

구, 원기둥의 부피의 비가 1 대 2 대 3이란다. 즉 구의 부피는 원뿔의 두 배, 원기둥의 부피는 원뿔의 세 배지."

"그럼 제 부피가 원기둥의 3분의 1밖에 안 된다는 거예요?"

원뿔이 손해 보는 기분이 들어 뾰로통해졌다.

"그렇지. 그래서 원기둥의 부피만 구하면 원뿔과 구의 부피도 간단히 구할 수 있지, 흐흐."

"내 부피는 밑넓이에 높이를 곱하면 되는 건가? 어? 그러고 보니 내 밑면이 원이잖아? 마법사 할아버지, 원의 넓이는 어떻게 구해요? 전 다각형의 넓이를 구하는 법만 알거든요. 참, 네가 알겠구나."

원기둥이 구를 보며 말했다.

"응, 당연히 알지. 원의 넓이는 '반지름×반지름×원주율'이야."

"그렇구나. 그럼 밑넓이에 높이를 곱하면……."

원기둥은 자신의 부피를 계산하기 시작했다. 원기둥이 하는 계산을 지켜보던 구가 마법사에게 물었다.

"꼭 원기둥의 부피를 알아야만 구의 부피를 구할 수 있나요?"

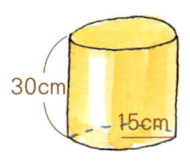
원기둥의 부피 = 밑넓이 × 높이
= (반지름 × 반지름 × 원주율) × 높이
= 15cm × 15cm × 3.14 × 30cm
= 21195cm³

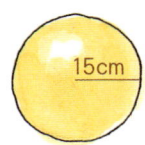
구의 부피 = 원기둥의 부피 × $\frac{2}{3}$
= 21195cm³ × $\frac{2}{3}$ = 14130cm³

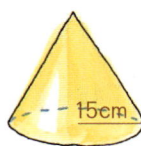
원뿔의 부피 = 원기둥의 부피 × $\frac{1}{3}$
= 21195cm³ × $\frac{1}{3}$ = 7065cm³

"호호, 그렇진 않아. 구의 부피를 구하는 공식도 만들 수 있어. 자, 여길 봐. 구의 부피는 원기둥의 3분의 2니까……."

마법사는 벽에 걸린 나무 판에 식을 써 내려갔다.

구의 부피 = 원기둥의 부피 × $\frac{2}{3}$
= (밑넓이 × 높이) × $\frac{2}{3}$
= (반지름 × 반지름 × 원주율) × 지름 × $\frac{2}{3}$
= (반지름 × 반지름 × 원주율) × (반지름 × 2) × $\frac{2}{3}$
= $\frac{4}{3}$ × 원주율 × 반지름³ = $\frac{4}{3}\pi r^3$ (원주율: π, 반지름: r)

"이게 구의 부피를 구하는 공식이에요? 정말 간단해요. 금방 외우겠는걸요."

구가 빙글빙글 돌며 말했다.

"호호, 그렇지? 그럼 이제 난 또 다른 도형을 찾아 여행을 떠나야겠다. 좋은 도형들이 되어라."

마법사는 원뿔과 원기둥을 쓰다듬고 구를 한 번 안아 본 뒤 방을 성큼성큼 나갔다. 구가 데굴데굴 구르며 마법사를 따라 나갔다. 그런데 갑자기 마법사의 집이 없어지더니 수풀이 우거진 벌판이 나타났다. 구는 회전체 그림이 그려진 비석이 생각나서 몸을 빙그르르 돌리며 이리저리 찾아보았다. 하지만 비석은 흔적도 없었다. 아직 구르기가 서툰 원기둥과 원뿔이 뒤늦게 따라왔다. 구가 말했다.

"모두 사라졌어. 비석도 없어졌어."

"어떻게 된 거야? 마법사 할아버지는?"

"몰라. 우리가 마법에 걸린 걸까?"

원뿔이 옆면으로 뱅글뱅글 구르며 말했다.

"난 마법이라도 좋아. 이렇게 입체도형이 되었는걸. 게다가 회전체잖아."

"그래, 난 아직도 꿈을 꾸는 것만 같아."

원기둥도 원뿔을 따라 빙글빙글 돌았다. 원뿔이 들뜬 목소리로 말했다.

"어디로 갈까? 이제 우린 어디든 갈 수 있어. 그것도 아주 빠르게."

"난 다면체 마을로 돌아가야 해. 형이 몹시 걱정할 거야."

"그래, 평면도형들이 있는 다면체 마을로 돌아가자."

원뿔이 꼭짓점으로 원기둥의 옆면을 툭 치며 말했다.

"야, 이제 우린 평면도형이 아니잖아. 더 이상 평면 나라에서 살지 않아도 돼."

"그래도 난 평면 나라에 돌아가서 다각형들에게 회전 수련을 가르치고 싶어. 나처럼 회전체 도형이 되면 얼마나 좋아할까? 평면 나라에 가서 내 몸을 보여 주면 다들 깜짝 놀랄 거야."

"너는 평면 나라가 지겹지도 않니? 난 지긋지긋해."

원뿔이 옆면을 세차게 흔들었다. 구가 말했다.

"나는 다면체 마을로 가서 형이랑 엄마를 만나야 해. 그런데 형이 날 알아볼까?"

"색깔도 노란색 그대로이고, 덩굴무늬도 남아 있으니까 널 알아볼 거야."

원기둥의 말에 구가 몸을 빙글빙글 돌리며 말했다.

"그렇지? 목소리도 그대로니까 날 알 수 있겠지? 나도 달라진 형을 금방 알아봤는걸."

원뿔이 꼭짓점으로 구와 원기둥을 툭툭 쳤다.

"너희들도 참 딱하다. 그 답답한 곳으로 다시 돌아가겠다니. 난 새로운 곳으로 가고 싶어. 너희들 멀리 가 보고 싶지 않니? 우리는 어디든지 갈 수 있잖아."

원뿔이 꼭짓점을 흔들며 경쾌하게 앞으로 굴렀다. 원기둥과 구도 원뿔을 따라 굴렀다.

"어디 가?"

"어, 땅이 휘어졌어."

앞쪽에서 갑자기 구부러지고 휘어진 땅이 나왔다. 세 회전체는 구부러진 곡면을 따라 또다시 휘어진 공간 속으로 들어가고 있었다.

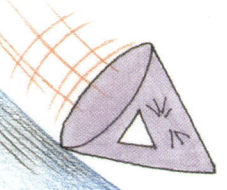

새로운 도형 세계, 공간 나라

모양은 상관없어

구와 원기둥과 원뿔은 휘어진 곡면을 따라 계속 굴러갔다. 원뿔을 따라가던 구의 속도가 점점 빨라져서 구가 맨 앞에 서게 되었다. 구는 구르기에 재미를 붙여 점점 속력을 냈다. 아래로 길게 휘어진 면이 나오자 미끄럼틀을 타듯이 아주 빠르게 굴러서 내려갔다.

"아아아!"

또 다른 도형들이 미끄럼을 타고 내려가는 것이 보였다. 구 옆으로 면이 없는 도형들, 괴상한 모양의 입체도형들이 소리를 지르며 쌩쌩 지나갔다. 구도 소리를 질렀다.

"야호!"

"야호! 신난다."

뒤따라 내려오던 원기둥과 원뿔도 소리쳤다. 한참을 구르고 나서야 모두들 평평한 곳으로 내려왔다. 원뿔과 원기둥은 금방 멈췄지만 구는 얼마 동안 더 구른 다음에야 멈췄다.

"와아, 구다."

구 주위에 도형들이 몰려들었다. 면이 없는 도형을 비롯해 난생처음 보는 희한한 모양의 도형들이었다. 구멍이 두 개나 뚫린 튜브 모양의 입체도형이 구의 겉면을 문지르며 말했다.

"진짜 구네, 멋지다!"

"너무 부러워할 거 없어. 우리도 몸을 부풀리면 저런 구 모양이 돼. 그렇지 않니?"

뿔이 아래위로 솟은 입체도형이 쭈그러진 물통과 손잡이가 없는 컵을 보며 말했다.

"그건 그래. 우린 구와 같은 모양으로 변형시킬 수 있는 도형들이야. 만나서 반갑다."

쭈그러진 물통이 몸을 쭉 펴서 구와 인사했다. 그러자 원뿔이 꼭짓점을 휘두르며 따졌다.

"아니, 이렇게 멋진 구가 어떻게 쭈그러진 너와 같은 도형이라는 거니? 말도 안 돼. 우린 회전체 도형이란 말이야."

"몸에 구멍이 뚫리지 않은 입체도형은 몸을 부풀리면 모두 구와 같은 모양이 돼."

손잡이가 없는 컵이 말했다. 그러자 손잡이가 양쪽으로 달린 컵이 구멍이 두 개인 튜브와 팔짱을 끼며 말했다.

"우리처럼 구멍이 두 개인 도형들도 얼마든지 서로 같은 모양으로 변할 수 있지."

"여긴 이상한 곳이야. 모양이 괴상하고 웃긴 도형들뿐이잖아."

같은 모양이 되는 도형들

구부러진 곡면과 휘어진 공간에서는 도형들의 모양을 얼마든지 바꿀 수 있다. 삼각형이나 사각형 같은 평면도형은 고무처럼 늘였다 줄였다 하며 원과 같은 모양으로 만들 수 있다. 또 삼각뿔이나 직육면체 같은 입체도형은 부풀리면 구와 같은 모양이 된다. 구멍이 뚫리지 않은 물체는 얼마든지 구와 같은 모양으로 바꿀 수 있다. 그리고 구멍이 한 개인 물체들도 서로 같은 모양으로 변형시킬 수 있다. 이렇게 도형의 모양과 크기를 상관하지 않고 공통적으로 지니고 있는 성질을 연구하는 것을 '위상 수학'이라고 한다.

원뿔이 툴툴거렸다. 그러자 면이 없는 도형이 말했다.

"여기 공간 나라에서는 생긴 모양은 따지지 않아. 도형의 이름도 지을 필요가 없지. 얼마든지 새로운 모양으로 변할 수 있으니까. 다 같이 친구가 되어 사는 곳이야."

구가 갑자기 소리쳤다.

"와아, 구야. 저기 구가 있어."

구처럼 둥근 입체도형이 굴러오고 있었다. 튜브가 말했다.

"쟤는 구 아냐. 지오데식 공이야. 면이 아주 많은 다면체 공이지."

"지오데식 공?"

구가 몸을 갸우뚱하며 물었다. 공이 구에게 다가와 구의 겉면을 만져 보며 말했다.

"야아, 넌 정말 구네. 표면이 완벽하게 둥글구나. 아름다워."

"으응, 고마워. 넌 면이 아주 많구나. 모두 삼각형이네."

"삼각형이 120개야. 정이십면체의 모서리를 자르고 잘라서 만들었어. 모서리를 잘게 잘랐기 때문에 공기 저항력이 좋아서 잘 구를 수 있지."

"와아, 그럼 넌 백이십면체잖아."

"이 정도로, 뭘. 면이 수천 개나 되는 지오데식 돔 지붕도 있는걸."

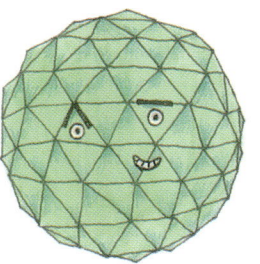

"굉장하다. 정말 멋진 지붕이겠네."

"너희들 공간 나라에 처음 왔구나. 여긴 정말 신나고 재미있는 곳이야. 구경해 볼래?"

"좋아!"

반원이 데굴데굴 구르며 대답했다.

"그럼 먼저 도형 랜드를 둘러봐야지. 마침 여기가 도형 랜드거든."

"도형 랜드? 와아, 그럼 놀이공원이야? 신나겠다."

원뿔이 옆면을 흔들며 환호했다.

"도형 랜드에는 신나는 놀이 기구가 많아. 참, 아까 너희가 탔던 것이 사이클로이드 곡선 미끄럼틀이야. 도형들이 정말 좋아하는 미끄럼틀이지."

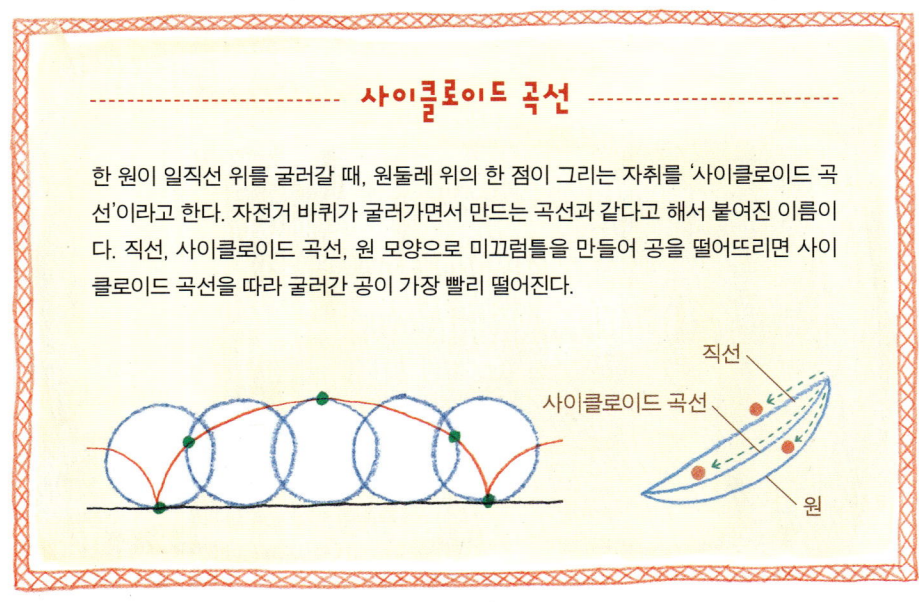

사이클로이드 곡선

한 원이 일직선 위를 굴러갈 때, 원둘레 위의 한 점이 그리는 자취를 '사이클로이드 곡선'이라고 한다. 자전거 바퀴가 굴러가면서 만드는 곡선과 같다고 해서 붙여진 이름이다. 직선, 사이클로이드 곡선, 원 모양으로 미끄럼틀을 만들어 공을 떨어뜨리면 사이클로이드 곡선을 따라 굴러간 공이 가장 빨리 떨어진다.

"사이클로이드 곡선 미끄럼틀? 진짜 재미있었어. 정말 빠르더라."

구가 지오데식 공과 나란히 굴러가며 말했다. 공이 설명했다.

"맞아, 직선 미끄럼틀보다 훨씬 빨라. 사이클로이드 곡선에서는 직선보다 물체가 더 빠르게 떨어지거든. 지렛대 시소도 타 볼래?"

"지렛대 시소?"

"지렛대 시소는 수평이 될 때만 움직이는 시소야. 무게를 잘 맞춰야 탈 수 있어."

세 회전체는 지오데식 공을 따라 지렛대 시소로 갔다. 시소를 타는 도형들의 몸이 하늘 높이 치솟아 올랐다가 아래로 떨어졌다.

"와아, 엄청나게 높이 올라간다."

"아아, 무섭지 않을까?"

"정말 신나겠다. 어서 우리도 타자."

원뿔이 비어 있는 시소 앞으로 쪼르르 굴러갔다.

"너희들의 몸이 다 달라서 잘 탈 수 있을지 모르겠네. 수평이 되려면 양쪽의 무게가 같아야 하거든."

지오데식 공이 설명하자 원기둥이 구에게 물었다.

"원뿔, 구, 원기둥의 부피 비가 1 대 2 대 3이라고 했지?"

"응. 무게는 부피와 비례할 테니까 원뿔과 구를 합치면 원기둥과 같네."

"그럼 원뿔과 구가 같이 타고 원기둥이 혼자 타면 되겠다."

　지오데식 공이 말하자 원뿔이 재빨리 시소에 올랐다. 반대편에 원기둥이 올라타자 원뿔의 몸이 높이 치솟았다.

"야호, 신난다. 구야, 너도 빨리 타."

　원기둥이 시소에서 몸을 살짝 내려 시소를 내려 주자 구가 원뿔 옆에 올라탔다. 시소 양쪽이 번갈아 가며 오르락내리락하자 세 회전체의 몸도 높이 치솟았다.

"야호!"

　구, 원뿔, 원기둥은 하늘 높이 솟아오르며 마음껏 소리를 질렀다. 힘들었던 회전 수련도, 가족과 헤어진 일도 이 순간만큼은 모두 날려 버렸다.

"야호! 어, 어?"

　구의 몸이 자꾸만 시소 밑으로 굴러떨어지려고 했다. 원뿔이나 원기둥과 달리 구는 밑면이 없기 때문에 몸이 잘 고정되지 않았다. 원기둥이 시소를 멈추자 구가 시소에서 내렸다. 원뿔이 몹시 아쉬워했다.

"그만 타게? 난 더 타고 싶은데……."

"원기둥 무게가 원뿔의 세 배니까 원기둥이 두 칸 더 앞에 앉으면 시소가 평형이 될 거야. 너희 둘만으로도 탈 수 있어."

지오데식 공의 말이 맞았다. 원기둥이 앞으로 옮겨 오니 시소가 평형을 이루었다. 구는 지오데식 공과 함께 두 도형이 시소 타는 모습을 흥겹게 지켜보았다. 시소가 올라갈 때마다 시소를 타는 도형도, 구경을 하는 도형도 하늘을 향해 소리를 질렀다.

지렛대의 원리

시소를 탈 때 무거운 쪽이 앞으로 당겨 앉으면 시소가 평형을 이룬다. 이는 지렛대의 원리를 이용한 것으로, 균형을 이루었을 때의 중심을 '지렛점'이라고 한다. 무게와 지렛점에서의 거리는 다음과 같은 관계가 있다.

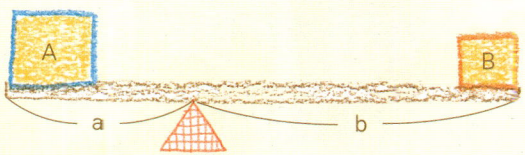

- A의 무게 × a의 거리 = B의 무게 × b의 거리

지렛대의 원리를 이용하면 B에 작은 힘만 주어도 A에 있는 무거운 물체를 들어 올릴 수 있다. 물체가 무거울수록 지렛점을 무거운 물체 쪽으로 옮기면 된다. 시소뿐만 아니라 흙을 팔 때 사용하는 삽이나 병뚜껑을 따는 병따개 등도 이 원리를 이용한다.

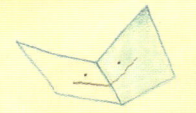

미로 정원 보물찾기

시소 타는 것을 바라보던 구가 하늘을 가리키며 소리쳤다.

"와! 도형이 막 날아다녀."

평면도형이 살랑살랑 날아와서 구의 위를 맴돌았다. 공이 말했다.

"여기 평면도형들은 공간을 자유롭게 날아다닐 수 있어."

"와아, 굉장하다. 평면 나라 도형들도 여기에 와서 살면 좋겠다."

원기둥이 시소에서 내려 다가오자 면이 여러 개인 평면도형이 원기둥의 윗면에 살포시 앉아 말했다.

"미로 정원으로 가 봐. 정원 속에 보물이 숨겨져 있어."

"보물찾기 하는 거야? 재미있겠다."

원뿔이 옆면을 뱅글뱅글 돌리며 좋아했다. 공이 원뿔에게 말했다.

"미로 정원에 들어갔다가 길을 잃고 헤맬 수도 있어. 하루 종일 걸려도 못 빠져나오기도 해."

평면도형이 이번엔 원뿔의 꼭짓점에 앉으며 말했다.

"그 대신 무척 멋진 보물이 숨겨져 있어. 너희도 아주 좋아할걸. 한번 도전해 봐."

"그래, 우리 해 보자. 재밌을 거 같아."

"그러다가 영영 못 빠져나오면 어떡해?"

원기둥이 걱정스럽게 말했다. 평면도형이 세 회전체 위로 날아다니며 말했다.

"미로를 순찰하는 도형들이 구해 주니까 걱정 마. 그리고 길을 잃었을 때는 왼쪽이나 오른쪽 중에서 한쪽 벽만 따라가면 빠져나올 수 있어. 그것만 명심하면 돼."

"그럼 우리 보물찾기 하러 가 보자."

구가 앞장섰다. 세 회전체는 평면도형의 안내를 따라 미로 정원에 도착했다. 입구에 미로를 그려 놓은 지도가 있었다. 지도를 살펴보던 구가 말했다.

"미로 정원이 엄청나게 넓어. 안에 연못도 있는걸."

"게다가 너무 복잡해. 보물을 잘 찾을 수 있을까?"

"어쨌든 빨리 들어가 보자."

원뿔이 잽싸게 드러눕더니 굴러갈 준비를 했다.

"그렇게 무작정 들어갔다간 하루 종일 걸려도 못 찾을걸? 한쪽 벽만 따라간다고 해도 막히면 돌아 나와야 하니까 무척 오래 걸리거든."

"그럼 어떡해?"

조바심이 난 원뿔이 벌떡 일어나 평면도형에게 물었다. 평면도형이 지도를 가리키며 말했다.

"세 변으로 둘러싸인 곳을 지우면 미로가 간단해져."

"세 변으로 둘러싸인 곳?"

"이 부분을 지우는 거지. 그러면 또 이렇게 세 변으로 둘러싸인 곳이 생기잖아. 또 여기를 지우고, 또 여기…… 이렇게 지워 나가면 미로가 아주 간단해져."

평면도형이 지도의 여기저기를 가리키며 날아다녔다. 원뿔이 재빨리 평면도형이 가리킨 곳을 검게 칠하자 구가 말했다.

"아, 막다른 길을 지우는 거구나."

구와 원기둥은 원뿔이 미로를 지워 나가는 것을 지켜보았다.

"이제 다 칠했어. 미로가 정말 간단해졌어."

"그럼 이제 한쪽 벽만 따라서 가면 되겠다. 가운데 미로는 대부분 지워졌으니까 이렇게 돌고 저렇게 둘러서 들어가면 되겠네."

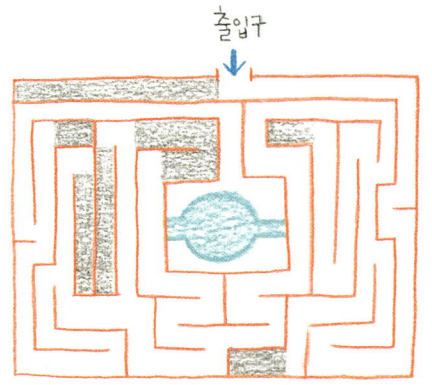
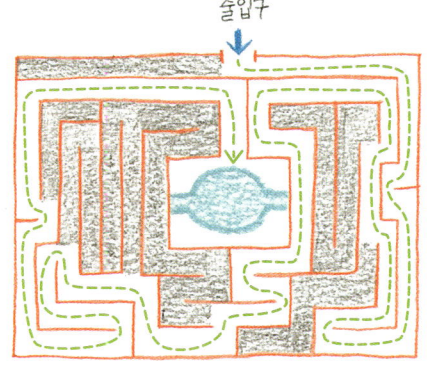

구가 말하자 원뿔이 지도를 챙겨 들고 출입구로 향했다.

"그래, 어서 들어가 보자. 먼저 왼쪽 길로 가야 해."

"야아, 같이 가. 너 혼자 보물을 다 차지하려고? 구야, 너도 빨리 와."

원기둥이 따라 구르며 외쳤다.

"그럼 행운을 빌게. 꼭 보물을 찾아."

평면도형이 면을 팔랑팔랑 흔들고는 날아갔다. 세 회전체가 드디어 미로 정원 안으로 들어갔다. 구가 크게 숨을 들이마시며 말했다.

"아, 상쾌해. 나무가 참 많구나."

"나무를 심어서 미로를 만들었나 봐. 미로를 헤매더라도 기분이 상쾌하겠는걸."

구와 원기둥은 미로를 산책하듯이 천천히 굴렀다. 앞서 가던 원뿔이 지도를 보며 말했다.

"음, 여기서 위쪽으로 가서 안으로 들어갔다가 가운데 연못 정원을 돌아서……. 생각보다 쉬운데? 빨리 와. 이쪽이야."

원뿔이 오른쪽 모퉁이를 돌며 말했다. 구와 원기둥도 빠르게 따라갔다. 세 회전체가 이리저리 꺾인 미로를 따라 한참을 들어가니 연못이 나타났다.

넓은 연못 안에는 섬이 두 개 있었고, 연못을 건너다닐 수 있는 다리가 다섯 개 놓여 있었다. 구가 연못 앞에 놓인 안내판을 소리 내어 읽었다.

"다섯 개의 다리를 한 번씩만 지나서 모두 건너시오."

"뭐야? 보물은 어디에 있어? 다리를 모두 건너야 된다고?"

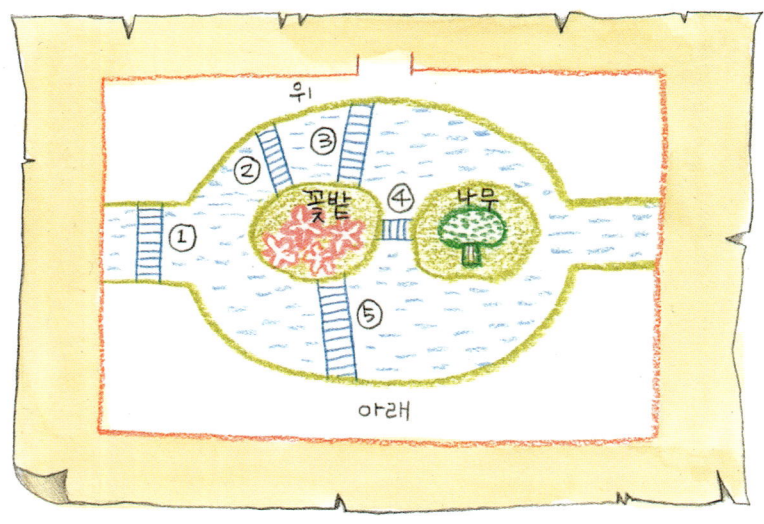

원뿔이 다그치자 원기둥이 말했다.

"일단 다리를 건너 보자. 앞에 있는 다리부터 건널까?"

원기둥이 3번 다리를 가리켰다. 꽃밭이 있는 섬으로 갈 수 있는 다리였다. 언제 따라왔는지 지오데식 공이 굴러 와 말했다.

"아니, 그렇게 생각 없이 건너다간 실패하고 말아. 미로보다도 더 헤맬 거야."

"어? 언제 왔어?"

구가 공을 보며 반가워했다.

"너희들이 여기서 헤맬 것 같아서 왔어. 다섯 개의 다리를 모두 건너는 방법은 꽤 많거든."

"뭐? 많다고? 그럼 어떡해?"

원뿔이 투덜거렸다. 공이 연못을 둘러보며 말했다.

"처음부터 정확한 방법을 찾아야지. 음, 여기는 연못 위와 아래 구역 그리고 꽃밭과 나무가 있는 두 섬 구역, 이렇게 네 구역으로 나눌 수 있네. 각 구역에서 건널 수 있는 다리의 개수를 세어 보자."

구가 다리의 수를 세기 시작했다.

"위에서 아래로 갈 수 있는 다리는 하나, 위에서 꽃밭으로 갈 수 있는 다리는 두 개야. 꽃밭에서 나무로 가는 다리가 한 개, 꽃밭에서 아래로 갈 수 있는 다리가 또 한 개 있어."

"다리를 모두 한 번씩 건너려면 다리가 홀수 개인 곳을 찾아야 해.

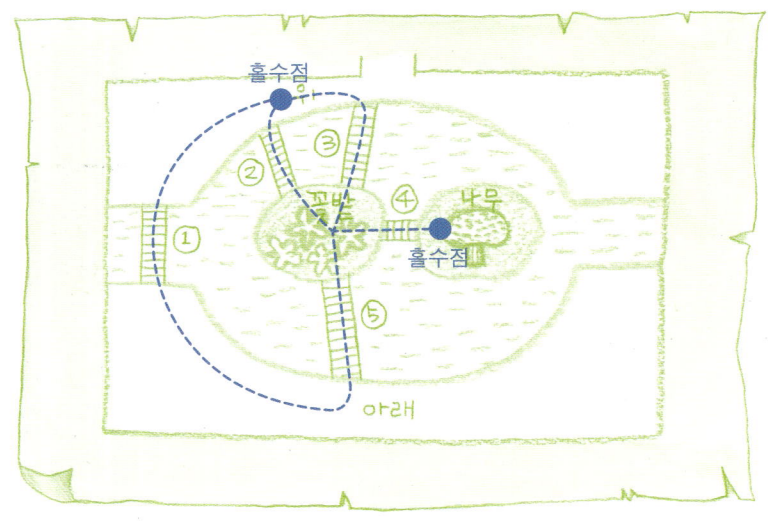

다리가 홀수 개인 곳은…….”

"다리가 세 개인 위쪽과 다리가 한 개인 나무가 있는 섬, 모두 두 군데인데?"

원뿔이 재빨리 답했다. 공이 설명을 이었다.

"그럼 홀수점이 두 군데니까 다리를 모두 한 번에 건널 수 있어. 홀수점이 없거나 두 개일 때만 가능하거든. 홀수점인 위쪽에서 시작하면 다른 홀수점인 나무가 있는 섬에서 끝나."

"아하, 그렇구나. 그럼 1번 다리부터 건너 볼까?"

구가 데굴데굴 다리를 건너서 연못 아래쪽으로 갔다. 원뿔과 원기둥과 공도 따라 다리를 건넜다. 구는 차례로 5번, 2번, 3번 다리를 건너고, 마지막으로 4번 다리를 건너서 나무가 있는 섬에 도착했다. 나무 아래에 작은 금빛 상자가 반짝이는 것이 보였다. 희전체들은 서로 몸을 비비며 환호했다.

"야아, 보물 상자인가 봐! 보물을 찾았어."

구가 재빨리 상자를 열었다. 안에는 금빛 테두리를 두른 종이가 한 장 들어 있었다.

"이게 뭐지?"

"어디 봐, 뭐라고 써 있어? 뫼비우스 롤러코스터 탑승권?"

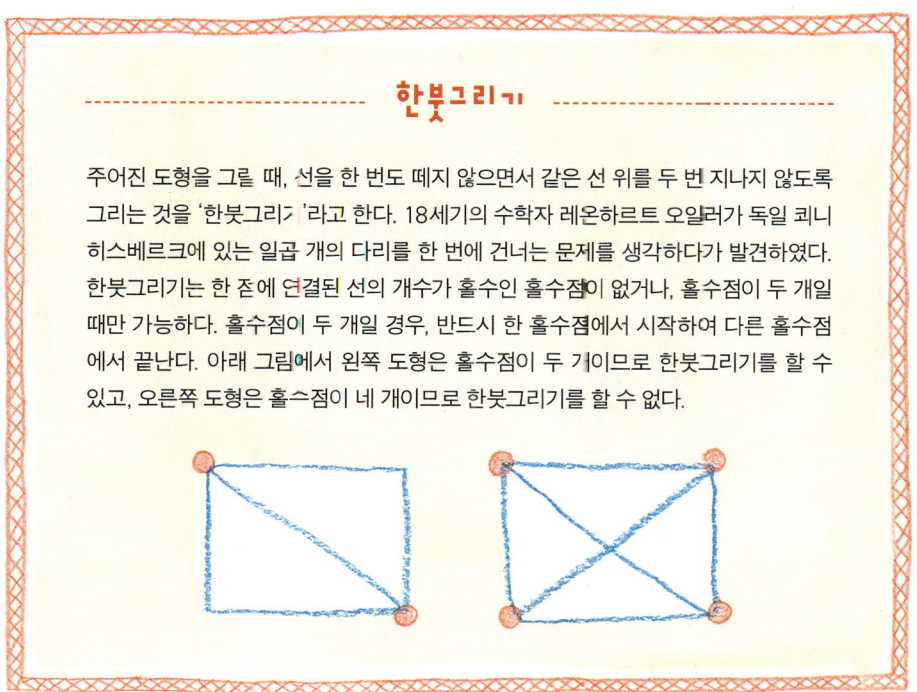

한붓그리기

주어진 도형을 그릴 때, 선을 한 번도 떼지 않으면서 같은 선 위를 두 번 지나지 않도록 그리는 것을 '한붓그리기'라고 한다. 18세기의 수학자 레온하르트 오일러가 독일 쾨니히스베르크에 있는 일곱 개의 다리를 한 번에 건너는 문제를 생각하다가 발견하였다. 한붓그리기는 한 점에 연결된 선의 개수가 홀수인 홀수점이 없거나, 홀수점이 두 개일 때만 가능하다. 홀수점이 두 개일 경우, 반드시 한 홀수점에서 시작하여 다른 홀수점에서 끝난다. 아래 그림에서 왼쪽 도형은 홀수점이 두 개이므로 한붓그리기를 할 수 있고, 오른쪽 도형은 홀수점이 네 개이므로 한붓그리기를 할 수 없다.

공이 빙그르르 자리를 돌며 환호했다.

"와아, 롤러코스터를 탈 수 있대! 신난다."

공이 빙글빙글 돌며 소리치자 원뿔이 뾰로통해져서 말했다.

"기껏 롤러코스터야? 미로를 헤매고 다리까지 건넜는데 보물이 좀 시시하다."

"무슨 말이야? 도형들이 롤러코스터를 얼마나 타고 싶어 하는데. 탑승권 구하기가 하늘의 별 따기만큼 힘들단 말이야. 특히 뫼비우스 롤러코스터는 레일이 꼬여 있어서 스릴 만점이야. 기차를 타고 레일 위를 달리다 보면 뒤집어져서 레일 밑으로도 달리거든."

"기차가 뒤집어진다고? 떨어지면 어떡해? 안 무서워?"

구가 물었다. 공이 구를 툭 치며 말했다.

"걱정 마. 한 번 타고 나면 또 타고 싶을걸."

안팎 구분이 없는 면과 공간

세 회전체는 미로를 다시 빠져나왔다. 공을 따라 롤러코스터를 타러 가는 길에 원기둥이 탄성을 질렀다.

"와아, 원기둥 건물이다! 지붕이 멋진데."

"타원 모양이지. 원기둥을 비스듬히 자르면 단면이 타원 모양이 되거든. 아, 그리고 저기 둥근 건물 보이지?"

공이 구를 툭 치며 말했다. 아주 커다랗고 둥근 건물이 보였다.

"와아, 정말 큰 공이다."

"저게 바로 지오데식 구 모양의 건물이야. 나랑 꼭 닮았지? 구는 똑같은 부피를 둘러싸는 입체도형 중에서 겉넓이가 가장 작아. 그래서 지오데식 구 모양으로 건물을 만들면 적은 재료로도 큰 공간을 얻을 수 있대."

덴마크의 튀코 브라헤 천문관
천문학자 튀코 브라헤를 기념하는 천문관으로 원기둥을 비스듬히 잘라 놓은 모양이다.

미국 디즈니월드의 우주선 지구호
지구의 역사를 체험할 수 있는 전시관으로 지오데식 돔 방식으로 지어졌다.

"야아, 공간 나라의 건물들은 정말 멋지구나. 그런데 원뿔 모양의 건물은 없니?"

원뿔이 감탄하며 물었다.

"원뿔 지붕을 얹은 건물도 많아. 건물이 높아 보이잖아."

"그래? 원뿔이 우뚝 솟은 건물이라니, 멋지겠다. 후후."

원뿔이 빙그르르 한 번 돌고는 웃었다. 도형들의 즐거운 비명 소리가 점점 가까워졌다. 세 회전체는 재빨리 롤러코스터가 있는 곳으로 굴러갔다. 도형을 가득 실은 기차가 레일 위를 빠르게 달리고 있었다.

"여기 말고, 저쪽 뫼비우스 롤러코스터로 가자."

구는 뫼비우스 롤러코스터가 달리는 것을 보고 깜짝 놀랐다. 기차가 레일에 거꾸로 매달려 있었다! 게다가 바깥쪽 궤도를 돌던 기차가 순식간에 안쪽 레일 위로 달렸다. 레일이 꼬이면서 바깥쪽 레일이 안쪽 레일로 바뀌었기 때문이다.

"와아, 정말 신기하다."

"레일이 바뀌면서 기차 방향도 바뀌는데?"

"응, 도형들이 앞으로 앉았다가 뒤로 앉았어. 진짜 신기한 롤러코스터야."

"레일이 꼬일 때 기차의 방향도 바뀌게 만들었거든. 안팎의 구분 없이 달려서 그래."

"재미있겠다. 우리도 빨리 타자."

원뿔이 밑면을 돌리며 재촉하자 공이 다른 쪽 레일을 가리켰다.

"저쪽 뫼비우스 롤러코스터가 훨씬 재미있고 신나. 레일이 갑자기 갈라지거든."

회전체들은 탑승권을 내고 레일이 갈라진다는 롤러코스터를 타기 위해 줄을 섰다. 한참을 기다린 후에야 겨우 기차에 오를 수 있었다. 기차가 레일을 천천히 오르며 철거덕철거덕 육중한 소리를 내자 회전체들은 바짝 긴장했다. 구의 겉면에서 식은땀이 났다. 이윽고 기차

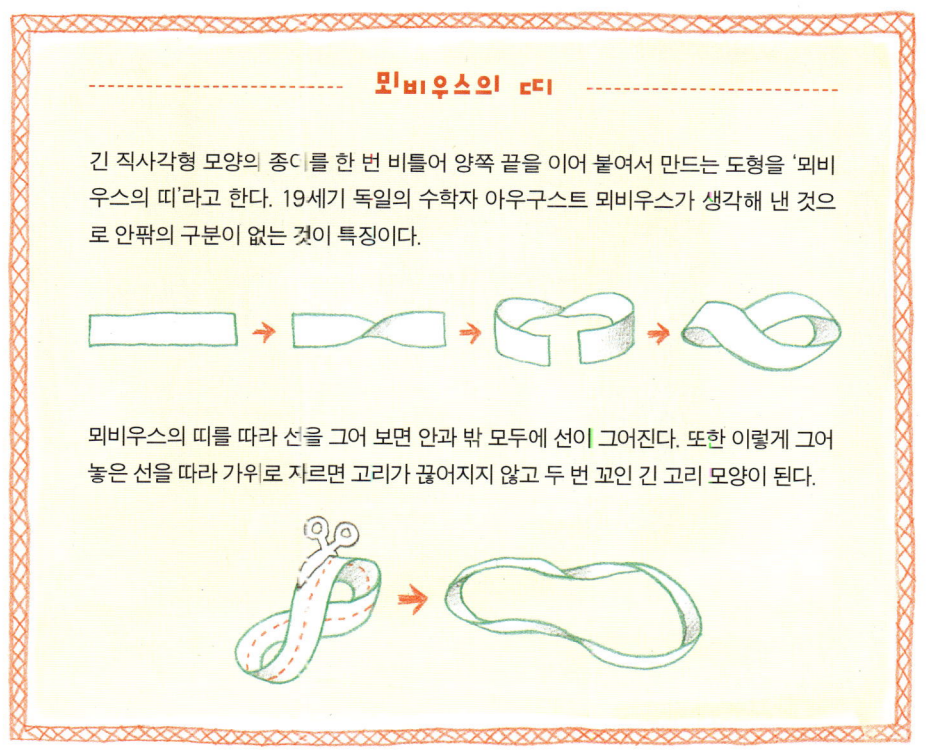

― 뫼비우스의 띠 ―

긴 직사각형 모양의 종이를 한 번 비틀어 양쪽 끝을 이어 붙여서 만드는 도형을 '뫼비우스의 띠'라고 한다. 19세기 독일의 수학자 아우구스트 뫼비우스가 생각해 낸 것으로 안팎의 구분이 없는 것이 특징이다.

뫼비우스의 띠를 따라 선을 그어 보면 안과 밖 모두에 선이 그어진다. 또한 이렇게 그어 놓은 선을 따라 가위로 자르면 고리가 끊어지지 않고 두 번 꼬인 긴 고리 모양이 된다.

새로운 도형 세계, 공간 나라 • 157

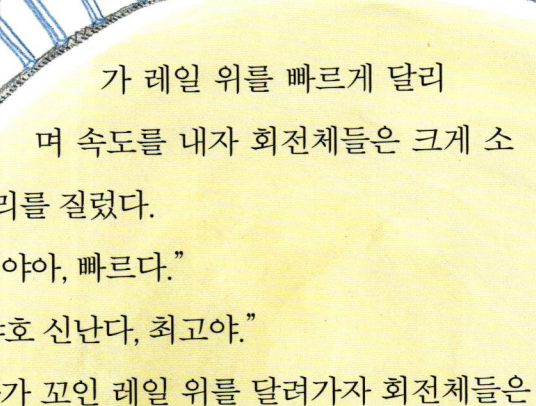

가 레일 위를 빠르게 달리며 속도를 내자 회전체들은 크게 소리를 질렀다.

"야아, 빠르다."

"야호 신난다, 최고야."

기차가 꼬인 레일 위를 달려가자 회전체들은 몸이 거꾸로 매달리기도 했고, 앉은 방향이 바뀌기도 했다. 기차가 레일 위를 몇 바퀴 돌고 나자 갑자기 레일이 둘로 갈라졌다. 기차는 한쪽 레일 위를 씽씽 달렸다. 그런데 레일 위를 한참 달리고 나니 레일이 다시 하나의 고리처럼 연결되었다. 그리고 원래의 레일보다도 훨씬 길어졌다.

"와아, 레일이 끊어지지 않았잖아. 어떻게 된 거야?"

"레일이 더 길어졌어. 정말 신기하다."

"이거 마술 레일인가 봐."

구는 레일이 마술을 부리는 것만 같았다. 공이 구에게 큰 소리로 말했다.

"두 번 꼬인 레일로 바뀌었어. 더

신날 거야."
레일은 더욱 길어졌고 두 번이나 꼬여 있었다. 롤러코스터는 더욱 짜릿하고 재미있었다. 한참을 달린 기차가 드디어 멈추자 구가 숨을 내쉬었다.
"후유, 아직도 정신이 없네."
"아, 재미있다. 또 타고 싶어."
원뿔이 무척 아쉬워했다.
"또 타려면 한참을 더 기다려야 할걸?"
구가 롤러코스터 앞에 늘어선 도형들을 보며 말했다. 회전체들이 타기 전보다 줄이 훨씬 더 길어졌다. 공이 앞으로 데굴데굴 굴러가며 말했다.
"다른 데로 가 보자. 아직도 볼 게 많아."
구는 공과 나란히 굴러갔고, 원뿔과 원기둥이 뒤따랐다. 롤러코스터를 탄 도형들의 환호성이 점차 멀어지고 푸른 잔디밭이 펼쳐진 널따란 광장이 나왔다. 여러 모양의 도형들이 군데군데 모여서 햇볕을 쬐고 있었다. 조그만 입체도형들은 술래잡기를 하는 듯 콩콩 뛰어다녔고, 평면도형들은 잔디밭 위를 살랑살랑 날아다니고 있었다. 모든 도형이 자유로워 보였고 모든 광경이 평화로웠다. 구는 잠꼬대처럼 중얼거렸다.

"마치 꿈을 꾸는 것 같아."

잔디밭 너머 언덕에 아지랑이가 아른거리며 피어올랐다. 언덕 위에는 투명한 물체가 우뚝 서서 햇빛에 반짝이고 있었다. 구가 앞을 가리키며 공에게 물었다.

"저게 뭐니? 투명한 집 같아."

"응, 저건 커다란 유리병이야. 뫼비우스 레일처럼 안팎 구분이 없는 병이지."

"뭐? 안과 밖의 구분이 없다고? 그럼 어떻게 들어가고 나와?"

"들어가다 보면 어느새 밖으로 나와 있을 거야. 밖이 곧 안이고 안이 곧 밖이야. 안팎이 서로 연결되었거든."

"그럼 문이 열린 집이나 마찬가지잖아. 문을 열어 놓으면 안과 밖이 막혀 있지 않으니까."

"그렇기도 하네. 들어가 볼래?"

거대한 유리병 앞에 다다르자 구가 투명한 내부를 기웃거리며 말했다.

"멋지다. 어떻게 만들었지?"

"원통형으로 생긴 유리병의 입구가 옆면을 뚫고 들어가서 아래쪽 끝과 만난 거야. 유리병의 양끝을 연결해 버린 거지."

"그렇구나."

구가 고개를 끄덕였다. 원기둥과 원뿔이 그제야 뒤따라와서 감탄했다.

"와아, 멋지다. 커다란 유리병이야."

"유리병이 안으로 꼬였어. 신기하다."

공이 유리병을 가리키며 다시 한 번 설명했다.

"이 병은 뫼비우스의 띠랑 비슷해. 뫼비우스의 띠에 안팎 구분이

클라인 병
독일의 수학자 크리스티안 펠릭스 클라인이 생각해 낸 병이다. 병의 양끝이 연결되어 있기 때문에 닫혀 있으면서도 열려 있다.

없는 것처럼 이 병도 안쪽과 바깥쪽이 구분되지 않아. 이런 병을 클라인 병이라고 해. 클라인 병의 주둥이로 들어가다 보면 다시 밖으로 나오고 말지."

"그럼 이 병에는 물도 못 담겠네?"

구가 물었다.

"그럼. 안과 밖이 연결되어 있어서 물이 흘러 버리고 말겠지."

그때 유리병이 비스듬히 위로 움직이며 밑에 뚫린 구멍이 약간 들렸다. 공이 먼저 안으로 들어갔다. 공이 또르르 굴러가는 모습이 밖에서도 보였다. 구도 공을 따라 안으로 굴러 들어갔다. 네 입체도형은 유리병이 꼬인 곳을 통과하여 안으로 깊숙이 들어갔다. 원뿔이 당황하여 유리 벽을 문지르며 말했다.

"어? 우리 갇힌 거야? 밖으로 나갈 수가 없잖아."

사방이 온통 유리 벽으로 가로막히자 덜컥 갇혔다는 느낌이 들었다. 공이 말했다.

"안팎의 공간이 연결되니까 갇힌 게 아니야. 미로 정원처럼 한쪽 벽만 따라가면 밖으로 나갈 수 있어."

"후, 뭐가 뭔지 잘 모르겠다."

원뿔이 병의 꼬인 지점을 통과하며 중얼거렸다. 공이 말했다.

"사실 이 병은 클라인 병을 흉내 내서 만든 거야. 진짜 클라인 병은 우리가 사는 삼차원 공간에서는 생길 수 없고, 사차원 공간에서만 존재한대."

"사차원 공간? 거긴 어떤 곳인데?"

"삼차원에 시간이 더해진 곳이라는데, 나도 잘 몰라. 어쨌든 상상하는 건 즐겁잖아."

입체도형들이 어느새 유리병을 빠져나왔다. 구는 고개를 젖혀 파란 하늘을 보았다. 바람이 살랑살랑 구의 곁을 휘감으며 불어왔다. 온몸이 기분 좋게 시원해졌다. 낯익은 향기가 바람을 타고 왔다. 구는 깊게 숨을 들이쉬며 향기를 맡았다.

"아, 엄마……."

달콤한 엄마의 냄새가 바람을 타고 왔다. 구는 바람이 불어오는 곳을 바라보았다. 무지개색을 띤 부채꼴 도형이 부채처럼 살랑살랑 바람을 일으키며 날아오고 있었다.

"아, 엄마다!"

부채꼴이 구의 머리 위를 맴돌며 날아다녔다.

"우리 반원과 같은 옷을 입었네?"

"엄마, 엄마……."

구는 부채꼴을 향해 뱅글뱅글 돌며 소리쳤다.

"엄마, 반원이에요. 저 좀 보세요."

"뭐라고? 반원이라고? 정말 반원이야?"

부채꼴은 구의 곁을 어루만지며 살펴보았다. 구가 부채꼴을 힘껏 안으며 말했다.

"네, 엄마. 반원이에요. 나이테 아빠, 부채꼴 엄마의 아들 반원이가 구가 됐어요."

"정말 반원이 맞구나. 네가 무사했구나. 얼마나 걱정했는지……."

구를 휘감아 껴안는 부채꼴의 목소리가 몹시 떨렸다.

"엄마가 여기 계셨다니 정말 다행이에요. 엄마, 제 모습이 어때요?"

"멋지구나. 네가 입체도형이 되다니, 구가 되다니……. 목소리도 제법 어른스러운걸."

"그럼요. 이제 어린 반원이 아니에요. 느림보도 아니에요. 모든 도형들이 부러워하는 회전체 도형, 구가 됐어요. 엄마도 제가 보살펴 드릴 거예요."

구가 부채꼴을 안고 빙글빙글 돌았다. 푸른 하늘과 잔디밭도 빙글빙글 돌며 한 공간이 되었다.

새로운 도형 세계, 공간 나라 ● 165

작가의 말

도형과 친구 되기

쿵, 어이쿠!
 두 발을 버둥거리다가 방바닥으로 떨어지고 말았어요. 양팔도 흔들어 보았지만 가위에 눌린 듯 움직일 수 없었지요. 겨우 고개를 조금 들어 내 몸을 보았습니다. 그런데 이게 웬일입니까? 팔다리가 없는 거예요. 몸은 둥글게 굽어 있었는데 꼭 반달 모양이었지요. '아냐, 이건 뭔가 잘못됐어. 아냐, 아냐!' 하고 외쳐 보았지만 소리도 나오지 않았어요.

 낯익은 방 안의 물건들이 아주 크게 보였습니다. 가구는 큰 빌딩처럼 서 있었고 책상은 마치 거대한 배처럼 보였어요. 갑자기 캄캄한 방 안이 환해지면서 무언가 하나둘 움직이기 시작했어요. 책에서, 가방에서, 시계에서, 창문에서 도형들이 꼬물꼬물 나오고 있었어요. 삼각형, 사각형, 원, 삼각뿔, 사각뿔, 정육면체 등의 평면도형과 입체도형 들이 방 안에 가득 찼어요. 수학책에 그려진 도형들도 나오고, 스케치북에 색칠한 도형들도 나와서 활기차게 움직였어요.

 수학 시험을 망친 날은 도형 꿈을 꾸곤 했습니다. 꿈속에서 나는 도형이 되어 몸을 버둥거렸고, 짓궂은 도형들은 내 몸을 흔들며 못살게 굴었지요. 무섭게 생긴 마법사가 나와서 두려움에 떨었던 적도 있어요.

　수학 문제를 멋지게 푼 날은 도형들이 여기저기서 나와 잔치를 벌였어요. 예쁘게 색칠한 평면도형들이 날아다니고 입체도형들이 춤을 추었지요. 도형들과 한바탕 신나게 놀다 깨면 방 안의 물건들이 온통 도형으로 보였어요.

　여러분도 도형 꿈을 꾼 적이 있나요? 꿈에서까지 도형을 만나다니 끔찍하다고요? 우리 주변을 둘러보세요. 삼각형, 사각형, 원, 직육면체, 구……. 어디서든 도형을 찾을 수 있어요. 조금만 더 관심을 가지고 보면 세상은 온통 도형으로 이루어졌다고 말해도 될 정도예요. 도형을 통해 세상을 보면 익숙했던 것도 새롭게 보이지요.
　이 도형들의 세계가 궁금하지 않나요? 이 책의 주인공 반원과 함께 모험을 떠나면 궁금증이 풀릴 거예요. 반원뿐만 아니라 네모, 뾰족이, 동글이, 바퀴, 다면체 친구들까지 모두모두 여러분의 친구가 되었으면 좋겠어요. 반원과 함께 도형 나라를 여행해 보세요.

2011년 7월
안소정